Duden

Übungsbuch extra

Deutsch

5. bis 10. Klasse

Grammatik

Rechtschreibung und Zeichensetzung

Aufsatz

Dudenverlag Mannheim · Leipzig · Wien · Zürich

Bibliografische Information der Deutschen Nationalbibliothek
Die Deutsche Nationalbibliothek verzeichnet diese Publikation in der Deutschen Nationalbibliografie; detaillierte bibliografische Daten sind im Internet über http://dnb.ddb.de abrufbar.

Nach den seit 1. 8. 2006 gültigen Rechtschreibregeln.

Redaktionelle Leitung Heike Krüger-Beer
Redaktion/Autorin Dr. Anja Steinhauer

Herstellung Annette Scheerer
Layout Horst Bachmann
Umschlaggestaltung Sven Rauska

Satz FROMM MediaDesign, Selters im Taunus
Druck und Bindung Heenemann GmbH & Co., Berlin
Printed in Germany

ISBN 978-3-411-73091-9

Inhalt

Grammatik

Rechtschreibung und Zeichensetzung

Schreiben

Lösungen

1 Die Wortarten

1.1 Das Substantiv (Nomen, Hauptwort) und der Artikel

ÜBUNG 1 ★★★

Unterstreiche die im Text verwendeten Substantive.

Peter, Daniel und Eva besuchten gestern ihre Großmutter. Als die Klingel am Nachmittag schellte, hatte das lange Warten der Oma endlich ein Ende. Sie hatte mit viel Liebe für die Kinder einen Kuchen gebacken, ihr Haus geputzt und ihr bestes Kleid angezogen. Nun standen die drei Enkel strahlend mit ihren Geschenken vor der Tür.

TIPP Wie erkennt man ein Substantiv?

Substantive bezeichnen Lebewesen, Dinge und Begriffe. Substantive werden immer **großgeschrieben.**

Man unterscheidet drei grammatische **Geschlechter:**
- **Maskulinum** (männlich): der/ein Mann
- **Femininum** (weiblich): die/eine Frau
- **Neutrum** (sächlich): das/ein Kind

Das grammatische Geschlecht (**Genus,** Plural: Genera) des Substantivs kann man zum Beispiel am **Artikel** erkennen, der ein Substantiv häufig begleitet (Eigennamen stehen in der Regel ohne Artikel). Es gibt
- **bestimmte Artikel:** der, die, das
- und **unbestimmte Artikel:** ein, eine, ein

Substantive können auch Adjektive (Eigenschaftswörter), Pronomen (Fürwörter) und Zahlwörter vor sich haben oder einen Artikel, der mit einer Präposition (einem Verhältniswort) verschmolzen ist *(am, beim, zur)*.

ÜBUNG 2 ★☆☆

Schreibe die Substantive des Textes aus Übung 1 heraus. Setze den bestimmten Artikel (↑ Tipp, S. 5) hinzu, wo es möglich ist.

____

____

____

____

ÜBUNG 3 ★☆☆

Entscheide, ob du einen bestimmten oder einen unbestimmten Artikel einsetzen musst.

Rebecca hat _______ neuen Computer bekommen. _______ Computer hat _______ besonders guten Bildschirm. _______ Bildschirm ist ganz flach und hat _______ gute Auflösung.

Julia hat bei einem Preisausschreiben _______ tragbaren CD-Player gewonnen. _______ CD-Player ist sehr praktisch, weil er mit _______ kleinen Sonnenkollektor arbeitet. Bei Sonnenschein liefert _______ Sonnenkollektor genug Strom für _______ Betrieb des CD-Players.

Debora wünscht sich zum Geburtstag _______ neues Fahrrad. Mit _______ Fahrrad möchte sie im nächsten Urlaub gerne _______ Radtour machen. Für _______ Radtour hätte sie dann gerne auch noch _______ große Satteltasche.

ÜBUNG 4 ★★☆

Bilde zu den Singularformen die passenden Pluralformen. Bedenke, dass es manchmal auch zwei Pluralformen gibt. Im Zweifelsfall solltest du im Wörterbuch, z. B. im „Duden“, nachschlagen.

die Pizza	_______________	das Album	_______________
die Figur	_______________	das Baby	_______________

die Firma	______	die Drossel	______
der Spaß	______	das Messer	______
der Zwieback	______	die Angst	______

TIPP **Wie können sich Substantive verändern?**

- Substantive haben einen Singular und einen Plural. Sie bezeichnet man als **Numerus.**
  - **Singular** (Einzahl): das Kind (ein einziges Kind)
  - **Plural** (Mehrzahl): (die) Kinder (mehrere Kinder)
- Substantive verändern ihre Form, je nachdem, welche Rolle sie im Satz einnehmen. Diese Veränderung nennt man **Deklination** (Beugung).
- Wird ein Substantiv dekliniert, steht es in einem bestimmten **Kasus** (Fall). Es gibt vier Kasus (der Plural von Kasus heißt auch Kasus, aber mit lang gesprochenem *u*):
  - **Nominativ** (1. Fall): wer oder was? das Kind
  - **Genitiv** (2. Fall): wessen? des Kindes
  - **Dativ** (3. Fall): wem? dem Kind
  - **Akkusativ** (4. Fall): wen oder was? das Kind

ÜBUNG 5 ★★☆

Dekliniere die folgenden Substantive mit dem bestimmten Artikel.

Singular:	**Maskulinum**	**Femininum**	**Neutrum**
Nominativ	der Staat	die Frau	das Bild
Genitiv	des Staates	______	______
Dativ	______	______	______
Akkusativ	______	______	______
Plural:			
Nominativ	______	______	______
Genitiv	______	______	______
Dativ	______	______	______
Akkusativ	______	______	______

ÜBUNG 6 ★★★

Finde Beispiele für die jeweiligen Formen der Pluralbildung. Wenn dir die Übung schwerfällt, schaue dir Übung 4 (↑ S. 6) an.

auf -e	auf -(e)n	auf -er	auf -s	mit Umlaut	Pl. = Sg.

ÜBUNG 7 ★★★

Suche aus den Sätzen alle Substantive heraus und bestimme deren Genus, Numerus und Kasus (↑ S. 5 und 7).

1. Die Kinder hörten dem Nikolaus aufmerksam zu.

Substantiv	Genus	Numerus	Kasus
die Kinder	Neutrum	Plural	Nominativ
dem Nikolaus			

2. Zweifellos machte der Nikolaus meiner Freundin das schönste Geschenk.

Substantiv	Genus	Numerus	Kasus

3. Meinem Bruder brachte er allerdings nur eine Rute.

Substantiv	Genus	Numerus	Kasus

ÜBUNG 8 ★★★

Im folgenden Text sind die Wörter, die eingesetzt werden sollen, in Klammern im Nominativ angegeben. Setze die richtigen Formen ein und bestimme den Kasus.

Theo wird von _seinen Freunden (Dativ)_ (seine Freunde) nur „der Komiker" genannt. Besonders gut ist er im Erfinden ______________________ (witzige Wörter), so hat er ______________________ (seine Ohren) ______________________ (der Spitzname) „Windfänger" gegeben. ______________________ (der Hausmeister), der sich ständig über ______________________ (jede Kleinigkeit) aufregt, ruft er „Ratterton". Niemand ist vor ______________________ (seine Späße) sicher. Er selbst hat ______________________ (der Spitzname) „Bims"; wie er dazu gekommen ist, weiß allerdings niemand. ______________________ (sein Vater) schimpft immer, dass er wegen ______________________ (seine dummen Scherze) nicht ernst genommen wird und ______________________ (schlechte Noten) schreibt.

ÜBUNG 9 ★★★

Unterstreiche die Substantivierungen (↑ Tipp, S. 10). Schreibe dahinter, welche Wortart jeweils substantiviert wurde.

1. Im Großen und Ganzen ist alles in Ordnung. ______________________
2. Unter dem Weihnachtsbaum liegt viel Gebasteltes. ______________________
3. Das hält mich am Laufen. ______________________
4. Ich sehe leider wenig Gutes, aber viel Schlechtes. ______________________
5. Mein Suchen war nicht von Erfolg gekrönt. ______________________
6. Ich bin kein Niemand, ich bin ein Jemand! ______________________
7. Man kann das Diesseits nicht mit dem Jenseits vergleichen. ______________________

TIPP **Was sind Substantivierungen?**

Substantivierungen, die auch Nominalisierungen genannt werden,
- sind Wörter, die als Substantiv gebraucht werden, auch wenn sie ursprünglich zu einer anderen Wortart gehören.
- schreibt man immer groß.

Man erkennt sie meist an einem der folgenden **Merkmale:**
- Ein Artikel oder ein Pronomen geht voraus:
  das Weiß im Auge • **mein** Neuer
- Ein Attribut ist vorangestellt oder nachgestellt:
  nach **langem** Hin und Her • das Doppelte **des bisherigen Preises**
- Die Substantivierung wird als Subjekt oder Objekt im Satz verwendet:
  Es kam **Folgendes** dazwischen. • Er sagte **Folgendes.**

Prinzipiell können Wörter aller Wortarten substantiviert werden:
- Verben: Zum **Schwimmen** gehen wir ins Schwimmbad.
- Adjektive: Fußball ist für sie das **Größte.**
- Partizipien: die **Lernenden,** das **Gedruckte**
- Pronomen: Das ist doch ein **Niemand.**
- Adverbien: Sie lebt im **Gestern.**
- Zahlwörter: Sie hat eine **Zwei** im Diktat geschrieben.
- Präpositionen: Das **Mit** oder **Ohne** stand zur Debatte.
- Konjunktionen: ohne **Wenn** und **Aber**
- Interjektionen: einige **Öhs** und **Ähms**

Superlative mit *aufs/auf das* können (müssen aber nicht) als Substantivierungen oder als adverbiale Angaben angesehen werden. Sie können daher groß- oder kleingeschrieben werden:
Er war aufs Äußerste/äußerste gespannt und begrüßte sie aufs Herzlichste/herzlichste.

ÜBUNG 10 ★★★

Woran erkennst du jeweils die Substantivierung? Unterstreiche die Merkmale.

1. Deine Neue ist wohl eher schüchtern, oder?
2. Es war viel Schönes und wenig Hässliches dabei.
3. Das Backen entspannt mich.
4. Über das Gesagte hat sie sich sehr geärgert.
5. Ist es ein Er oder eine Sie?
6. Überrasche sie doch einmal mit etwas Gekochtem!
7. Nach langem Für und Wider haben wir uns schließlich so entschieden.

1.2 Das Verb

ÜBUNG 11 ★☆☆

Unterscheide, ob die folgenden Verben eine Handlung, einen Vorgang oder einen Zustand bezeichnen, und schreibe sie danach sortiert in dein Übungsheft.

arbeiten · bauen · bleiben · fallen · liegen · sein · singen · sinken · spielen · regnen · wachsen · wohnen

TIPP **Verben und Konjugation**

Verben sind **Tätigkeitswörter.** Sie können Folgendes bezeichnen:

- eine **Handlung:** schreiben, laufen, lesen,
- einen **Vorgang:** einschlafen, regnen, wachsen,
- einen **Zustand:** sein, stehen, wohnen.

Verben werden kleingeschrieben. Die Grundform des Verbs heißt **Infinitiv.** Sie besteht aus dem Verbstamm und der Endung *-en* oder *-n*.

Verben gehören zu den **flektierbaren,** d. h. den **veränderbaren Wortarten.** Die Formveränderung des Verbs heißt **Konjugation.** Die Konjugation liefert Informationen zu

- **Person** und **Numerus** (Anzahl),
- **Tempus** (Zeit),
- **Genus Verbi** (Handlungsart: Aktiv oder Passiv) sowie
- **Modus** (Aussageart: Indikativ, Konjunktiv oder Imperativ) eines Verbs.

Wir **sagen.**
Numerus = Plural · Tempus = Präsens · Genus Verbi = Aktiv · Modus = Indikativ

ÜBUNG 12 ★☆☆

Bestimme die Person und den Numerus der folgenden Personalformen.

	Person	Numerus		Person	Numerus
wir gehen	________	________	er/sie/es malt	________	________
ihr segelt	________	________	sie bauen	________	________
ich grabe	________	________	du telefonierst	________	________

ÜBUNG 13 ★☆☆

Bilde nun von den angegebenen Infinitiven die entsprechenden Personalformen.

schreiben (3. Pers. Pl.) ________________ singen (2. Pers. Pl.) ________________

hören (1. Pers. Sg.) ________________ schlafen (3. Pers. Sg.) ________________

gähnen (1. Pers. Pl.) ________________ spielen (2. Pers. Sg.) ________________

ÜBUNG 14 ★★☆

Im Bereich der Konjugation gibt es eine ganze Menge Fachbegriffe. Kennst du sie noch? Hier im Buchstabensalat sind 13 Fachbegriffe versteckt. Findest du sie? Tipp: Lies waagrecht, senkrecht, diagonal und rückwärts.

T	E	B	C	D	Ä	E	T	V	X	A	A	V	E	S	P
E	K	O	N	J	U	G	I	E	R	E	N	N	E	S	A
M	S	E	I	N	F	I	N	I	T	I	V	U	S	U	Y
P	Ö	L	F	U	T	U	R	I	E	S	S	T	R	R	A
U	X	P	A	R	T	I	Z	I	P	H	D	B	C	E	E
S	B	X	S	P	E	R	F	E	K	T	L	E	R	M	Q
F	L	Ü	D	V	D	P	R	Ä	T	E	R	I	T	U	M
I	U	V	F	N	L	S	M	B	M	X	A	P	Q	N	L
C	V	B	E	U	Ä	R	T	A	V	X	E	E	P	A	O
L	Ö	T	R	T	O	P	O	P	U	O	A	A	F	R	T
O	H	A	R	I	N	E	N	S	A	Q	U	A	A	R	F
F	L	G	H	I	P	R	Ä	S	E	N	S	Ö	B	N	M
M	P	R	J	G	E	S	E	S	I	N	G	U	L	A	R
A	B	C	Y	Ö	Ä	O	C	E	R	T	Z	Ö	L	D	E
D	S	A	F	H	M	N	C	G	L	P	Ü	M	C	P	Ä

ÜBUNG 15 ★★☆

Bestimme die Verbformen. Schreibe sie in dein Übungsheft.

Beispiel: ihr seid gewesen → Perfekt 2. Person Plural

1. du hattest geschwiegen
2. wir lachen
3. er schwieg
4. ich werde kommen
5. sie werden genommen haben
6. sie hat gesungen

TIPP **Die Zeitformen des Verbs**

Das **Tempus** des Verbs gibt die Zeitform an. Präsens (Gegenwart) und Präteritum (Vergangenheit) sind einfache Zeitformen. Perfekt (vollendete Gegenwart), Plusquamperfekt (vollendete Vergangenheit), Futur I (Zukunft) und Futur II (vollendete Zukunft) nennt man zusammengesetzte Zeitformen, weil sie ein Hilfsverb benötigen, um die konjugierte Form zu bilden.

- Das **Präsens** bezeichnet etwas, das sich gerade ereignet (Ich lese.), Aussagen, die allgemeingültig sind (Lesen bildet.), und manchmal etwas, das sich in der Zukunft ereignen wird (Morgen gehe ich in die Bücherei.).
- Das **Präteritum** bezeichnet ein abgeschlossenes vergangenes Geschehen. Weil es häufig beim Erzählen verwendet wird, nennt man es auch Erzähltempus: Es war einmal ein König ...
- Das **Perfekt** bezeichnet meist ein Geschehen, das zwar abgeschlossen ist, dessen Folgen aber bis in die Gegenwart reichen. Man bildet es mit einer konjugierten Form von *haben* oder *sein* im Präsens + Partizip Perfekt: Ich habe meine Sportsachen vergessen.
- Das **Plusquamperfekt** bezeichnet ein Geschehen, das noch vor den in der Vergangenheit erzählten Ereignissen liegt (= Vorzeitigkeit, meist in Verbindung mit dem Präteritum). Man bildet es mit einer konjugierten Form von *haben* oder *sein* im Präteritum + Partizip Perfekt: Nachdem ich die Tür geöffnet hatte, war ich sprachlos.
- Mit dem **Futur** drückt man aus, dass ein Geschehen in der Zukunft liegt.
  Das **Futur I** wird gebildet mit der konjugierten Form von *werden* + Infinitiv des Hauptverbs: Wir werden es schaffen.
  Das **Futur II** wird gebildet mit einer konjugierten Form von *werden* + Partizip Perfekt + *sein* oder *haben*. Es bezeichnet ein Geschehen, das in der Zukunft als bereits abgeschlossen angesehen wird: Ich werde gelaufen sein.

ÜBUNG 16 ★★★

Setze die richtigen Tempusformen im Plusquamperfekt oder Präteritum ein. Denke an das Erzähltempus. Mache dir in Sätzen mit *nachdem* klar, was zuerst passiert.

Das Schlossgespenst

Nachdem Sarahs Eltern das alte Schloss ______________________ (kaufen), ______________ (hören) sie zum ersten Mal von dem Gespenst. Sie ______________ (machen) sich jedoch keine allzu großen Sorgen, weil sie nicht an Gespenster ______________ (glauben). Nachdem sie ______________________ (einziehen), ______________ (geben) es jede Nacht merkwürdige Geräusche, die vom Dachboden ______________ (kommen). Am Tag ______________________ (durchsuchen) der Vater den Dachboden, ______________ (finden) aber nichts. Nachdem die erste

Woche ____________________ (vergehen), ______________ (beschließen) Sarah, dem Ganzen ein Ende zu machen. Sie ________________ (legen) sich nachts auf die Lauer, um das Gespenst auf frischer Tat zu ertappen. Nachdem sie mehrere Stunden ______________ (warten), _______________ (gehen) es auf Mitternacht zu.

Da, plötzlich ein Schatten! Sarah ________________ (zucken) vor Schreck zusammen und _________________ (beginnen) zu zittern. Nachdem ein paar Minuten _____________________ (vergehen), ________ (sehen) sie auf einmal das Gespenst und ______________ (müssen) lachen. Es ________ (sein) nämlich nur eine Eule, die auf dem Dachboden ihr Zuhause ____________________ (finden).

ÜBUNG 17 ★☆☆

Heißt es *mag* oder *möchte*? Setze das richtige Wort ein.

1. Ich ___________ keine Museen.
2. ___________ du Robert? Ich kann ihn überhaupt nicht leiden.
3. Ich habe eigentlich nichts gegen Fleisch, aber Lammfleisch ___________ ich nicht.
4. ___________ du eine Banane? – Nein, danke, ich ___________ Obst nicht.
5. Ich ___________ so gern mal wieder ein großes Stück Kirschtorte essen, du auch? – Ja, darauf hätte ich auch Lust, obwohl ich Torten sonst nicht so gerne ___________.

TIPP Was sind Modalverben?

Die Verben *wollen, sollen, müssen, dürfen, können* und *mögen* können mit dem Infinitiv eines anderen Verbs stehen. In diesem Fall nennt man sie Modalverben.

Modalverben drücken verschiedene Sprechabsichten aus, zum Beispiel:

- **Befehl** oder **Auftrag:** Du **musst** dein Zimmer aufräumen. • Ich **soll** einkaufen gehen.
- **Absicht** oder **Wunsch:** Wir **wollen** ins Schwimmbad gehen. • **Ich möchte** lieber Eis essen.
- **Gebot, Erlaubnis** oder **Verbot:** Du **sollst** nicht stehlen. • Morgen **darfst** du Inliner fahren. • Du **darfst** hier **nicht** Fahrrad fahren.
- **Möglichkeit** oder **Fähigkeit:** Renate **kann** Klavier spielen.

Diese Verben können auch allein das Prädikat eines Satzes bilden. Oft kann man sich einen Infinitiv hinzudenken: Ich muss schon nach Hause (gehen). Kannst du gut Englisch (sprechen)?

ÜBUNG 18 ★★★

Was drücken die Modalverben in den folgenden Sätzen aus? Schreibe es jeweils dazu.

1. Ich darf an der Feier nicht teilnehmen. ______________________
2. Timo kann nicht schwimmen. ______________________
3. Patrick möchte lieber ins Kino gehen. ______________________
4. Unser Lehrer will nicht mit uns auf Klassenfahrt fahren. ______________________
5. Du sollst hier doch nicht Ball spielen. ______________________

TIPP **Der Konjunktiv**

Der Konjunktiv drückt Wünsche und Vorstellungen aus. Er kann sich auf die Gegenwart, auf die Zukunft oder auf Vergangenes beziehen. Es gibt **zwei Konjunktivformen.**

- **Konjunktiv I:** Der Konjunktiv I wird vor allem in der **indirekten Rede** verwendet (Er sagte, er **sei glücklich.**). Außer in der indirekten Rede findet er nur noch selten Anwendung (als Ausdruck des Wunsches und der Aufforderung: Er **ruhe** in Frieden.).
- **Konjunktiv II:** Der Konjunktiv II drückt meistens die **Nichtwirklichkeit** aus, also:
  - wenn etwas nicht wirklich der Fall ist: Er tat, als **wäre** er glücklich.
  - wenn etwas möglich ist: Ich **könnte** mit dem Auto fahren.
  - wenn man sich etwas wünscht: Ich **würde** gerne verreisen.
  - in höflichen Aufforderungen: **Hätten** Sie einen Moment Zeit?

Es gibt Fälle, in denen sich die Konjunktiv-I-Form nicht vom Indikativ unterscheidet. Dann verwendet man den Konjunktiv II: Sie sagten, sie kämen (statt: kommen) morgen wieder.

Die Konjunktiv-II-Form ist in der 1. Person Singular sowie in der 1. und 3. Person Plural mit der Indikativ-Präteritum-Form identisch, daher wählt man als Ersatz die Umschreibung mit *würde:*
Bei gutem Wetter spielte ich draußen. → Bei gutem Wetter würde ich draußen spielen.

ÜBUNG 19 ★★★

Indikativ, Konjunktiv I oder Konjunktiv II? Erkläre auch die jeweilige Aussage.

1. Die Mutter weiß, dass Tom in der Schule ist. → ______________________

   Der Satz bedeutet, dass ______________________

   ____

2. Die Mutter behauptet, dass Tom in der Schule sei. → ______

Der Satz bedeutet, dass ______

______

3. Die Mutter sagt, dass Tom sonst in der Schule wäre. → ______

Der Satz bedeutet, dass ______

______

4. Die Mutter weiß, dass Tom in der Schule war. → ______

Der Satz bedeutet, dass ______

______

ÜBUNG 20 ★★★

Wandle die Aussagen Hannas in deinem Übungsheft in die indirekte Rede um, verwende dabei den Konjunktiv. Achte auf die Personalpronomen beim Perspektivwechsel!

1. „Morgen gehe ich wieder ins Schwimmbad."

   Hanna sagt, sie gehe morgen wieder ins Schwimmbad.

2. „Das ist klasse, man trifft dort immer Freundinnen."
3. „Heute waren Helen und Claire da, hoffentlich kommen die morgen wieder."
4. „Das Schwimmbad ist sehr groß, aber bis vor Kurzem war der Innenbereich geschlossen, weil es einen Brand gegeben hatte."
5. „Wenn der Bademeister gute Laune hat, lässt er viele Spielelemente ins Wasser."
6. „Bald wird er eine Schwimminsel besorgen, die dann fest installiert wird."
7. „Das Schwimmbad wird aber auch von Vereinen genutzt, weil es ein 50-Meter-Becken für Wettkämpfe hat."

ÜBUNG 21 ★★★

Vervollständige die Sätze durch die Ausdrücke in den Klammern, indem du den Konjunktiv II verwendest.

1. (wieder bergauf gehen): Es sieht so aus, als ob es mit ihm ______

   ______.

2. (der Herr des Hauses sein): Er benimmt sich hier, als ______________________________

____.

3. (nicht wissen, worum es hier geht): Tu doch nicht so, als ob ________________________

____.

4. (auf einem Motorrad einen endlos steilen Abhang hinunterfahren und nicht mehr bremsen können): Im Traum war mir, als ____________________________________

____.

5. (nachdenklich gestimmt haben): Es schien mir, als ob ihn meine Bemerkung _________

____.

ÜBUNG 22 ★★☆

Setze die fehlenden Formen in die Tabelle ein.

Person	Ind. Präsens	Konjunktiv I	Ind. Präteritum	Konjunktiv II
sie (Pl.)	können	können	konnten	könnten
er/sie/es				führe
du	bist			
ihr			trugt	
ihr	lauft			
er/sie/es		solle		
wir				sprächen
sie (Pl.)	werden			
ich			stieg	
du		habest		
sie (Pl.)	bleiben			
ich		sei		
wir			hatten	

TIPP **Aktiv und Passiv**

Das Aktiv und das Passiv ermöglichen unterschiedliche Blickrichtungen auf ein Geschehen.

- Man benutzt das **Aktiv,** wenn derjenige, der etwas tut (Handlungsträger), im Mittelpunkt des Interesses steht:
  Der Mittelstürmer **verwandelt** den Elfmeter zum 6:5-Erfolg der Heimmannschaft.
- Man benutzt das **Passiv,**
  – wenn die Handlung oder der Vorgang selbst im Vordergrund steht:
  Der Elfmeter zum 6:5 der Heimmannschaft **wurde** souverän **verwandelt.**
  – wenn es gleichgültig erscheint oder nicht genau zu sagen ist, wer handelt:
  Am Sonntagabend **wurde** in das Kassenhäuschen am Stadion **eingebrochen.**

Die Passivformen werden gebildet aus der konjugierten Form des Hilfsverbs *werden* und dem Partizip II: ich werde gelobt, du wirst gelobt, sie wird gelobt, wir werden gelobt …

ÜBUNG 23 ★☆☆

Setze die angegebenen Verbformen ins Passiv.

Infinitiv	Pers./Num./Temp.	Aktiv	Passiv
öffnen	3. Pl. Präteritum	sie öffneten	sie wurden geöffnet
küssen	1. Pl. Pl.-perf.		
legen	3. Pl. Futur II		
rufen	1. Sg. Perfekt		
untersuchen	2. Pl. Präsens		
zählen	3. Sg. Futur I		

ÜBUNG 24 ★★★

In Nachrichtentexten wird häufig das Passiv verwendet. Formuliere aus den angegebenen Fakten in deinem Übungsheft einen Nachrichtentext und verwende dabei an den passenden Stellen das Passiv. Überlege auch jeweils, ob es sinnvoller ist, das täterlose oder das täterabgewandte Passiv zu verwenden.

Banküberfall · Hamburg · Sparkasse · Viertel nach acht · Kassierer · Bankangestellte · Geiseln · fesseln · Bankdirektor · Tresor · Beute · 100 000 Euro · schwarze Ledertasche · Gangster · fliehen · unerkannt · Überwachungskamera

1.3 Das Adjektiv und das Adverb

ÜBUNG 25 ★☆☆

Ergänze die Fachbegriffe oben und dann die fehlenden Adjektivformen.

Positiv		
		am trübsten
	früher	
fein		

TIPP Deklination und Steigerung des Adjektivs

Adjektive beschreiben die **Eigenschaften oder Merkmale** eines Substantivs. Sie werden wie die Substantive dekliniert, bei denen sie stehen.
Adjektive können als Beifügung vor einem Substantiv stehen (das **schlechte** Wetter) oder zusammen mit dem Hilfsverb *sein* das Prädikat bilden (Das Wetter ist **schlecht**).
Adjektive können gesteigert werden. Es gibt drei Steigerungsformen:

- **Positiv** (Grundform): schön, dick, hoch
- **Komparativ** (1. Steigerungsstufe): schöner, dicker, höher
- **Superlativ** (2. Steigerungsstufe): am schönsten, am dicksten, am höchsten

Einige Adjektive haben **unregelmäßige** Steigerungsformen (gut – besser – am besten), manche Adjektive lassen sich **überhaupt nicht steigern** (klasse – schwanger – uralt).

ÜBUNG 26 ★★☆

Setze die Adjektive aus dem Wortspeicher in die passenden Lücken ein. Vorsicht! Die Adjektive sind in ihrer Grundform angegeben. Du musst sie also beim Einsetzen deklinieren und kannst sie steigern, wenn es dir sinnvoll erscheint.

wenig · verwildert · anstrengend · groß · lecker · viel · fantastisch · neu · lang · erfolgreich · gut · unverheiratet · fern · viel · benachteiligt

Heute ziehe ich mein ______________ Kleid an, da meine ______________ Tante aus dem ______________ Afrika zu Besuch kommt. Mein Vater hat extra einen ____________

Kuchen gebacken und meine Mutter in unserem __________ Vorgarten das Unkraut gezupft. Als meine Tante vor _____________ Jahren sagte, dass sie den _______________ Kindern in Afrika helfen wolle, machte die ganze Familie ein ______________ Gesicht – besonders meine ______________ Schwester. Sie hatte ___________ Zeit als die übrigen Nichten und Neffen bei ihr verbracht, denn die beiden hatten ____________________ Pläne gemacht, wie sie gemeinsam eine ___________ Schule in Kenia erbauen und leiten könnten. Aber schon in ___________ Monaten will auch sie ins Ausland gehen, nach dem Abschluss ihrer ______________, aber sicher _______________ Schulzeit.

ÜBUNG 27 ★★☆

Gestalte den vorliegenden Text anschaulicher, indem du vor möglichst jedes Substantiv ein passendes Adjektiv einsetzt. Schreibe dazu in dein Übungsheft und unterstreiche die eingesetzten Adjektive.

Es war einmal ein König, der lebte mit seiner Tochter auf einem Schloss im Wald. Seine Frau war vor Jahren gestorben. Eines Tages sagte der König zur Tochter: „Mein Kind, du sollst heiraten. Darum werde ich ein Fest geben und die Königssöhne einladen. Der tapferste soll dein Mann werden."
Nach Wochen der Vorbereitung war der Tag des Festes gekommen …

ÜBUNG 28 ★★☆

Adjektiv oder Adverb? Adjektive können in flektierter Form zwischen dem Artikel und dem Substantiv stehen, Adverbien nicht. Setze die flektierten Adjektive in die Lücke ein.

1. Ich gehe **häufig/oft** ins Kino.

   Die ________________ Kinobesuche machen mich noch ganz arm.

2. Es gab **genug/ausreichend** Sitzplätze für alle.

   Der Veranstalter bot ein __________________ Sitzplatzangebot.

3. **Einst/früher** gab es Ritter und Piraten.

   In __________________ Zeiten gab es Ritter und Piraten.

TIPP **Das Adverb**

Ein Adverb (Plural: Adverbien) wird auch Umstandswort genannt.

- Es bestimmt die näheren Umstände eines Geschehens.
  - **Ort** (lokal: *wo?, wohin?, woher?)*: draußen · oben · links · hier · dort
  - **Zeit** (temporal: *wann?, wie lange?)*: heute · jetzt · bald · zwischendurch
  - **Art und Weise** (modal: *wie?, auf welche Weise?)*: gern · normalerweise · barfuß
  - **Grund** (kausal: *warum?, weshalb?)*: darum · notfalls · folglich · deshalb
- Es ist **nicht flektierbar.**

ÜBUNG 29 ★☆☆

Ordne die Adverbien aus dem Wortspeicher in die richtige Spalte ein: *lokal* (Ort: wo?, wohin?, woher?), *temporal* (Zeit: wann?, wie lange?), *modal* (Art u. Weise: wie?, auf welche Weise?) und *kausal* (Grund: warum?, weshalb?).

drinnen · stets · darum · deshalb · heute · schließlich · endlich · unterdessen · folglich · glücklicherweise · irgendwo · schnellstens · kopfüber

lokal	temporal	modal	kausal
______	______	______	______
______	______	______	______
______	______	______	______
______	______	______	______
______	______	______	______

ÜBUNG 30 ★★☆

Erweitere die Sätze, indem du passende Adverbien ergänzt. Achtung: Manchmal musst du den Satz umstellen. Schreibe in dein Übungsheft.

Beispiel: Ich sehe dich. → Täglich sehe ich dich.

1. Die Katastrophe konnte verhindert werden.
2. Die betroffenen Familien wurden gerettet.
3. Der Brand wurde gelöscht.
4. Die Zeitungen berichteten über den Vorfall.

1.4 Die Pronomen

ÜBUNG 31 ★★★

Setze die fehlenden Pronomen ein und schreibe in Klammern, ob es sich um ein Personalpronomen (Pers.) oder um ein Possessivpronomen (Poss.) handelt.

In dem Jugendroman „Theo haut ab“ von Peter Härtling wird erzählt, wie der zehnjährige Theo von zu Hause wegläuft. Er (Pers.) verlässt ________ (______) Zuhause, weil ________ (______) Eltern sich nicht mehr vertragen. Auch in der Schule hat ________ (______) Probleme: ________ (______) Noten sind schlecht und mit ________ (______) Mitschülern versteht ________ (______) sich auch nicht. Da denkt ________ (______): „________ (______) hau ab! ________ (______) lernen ja doch nur Unsinn. ________ (______) könnt mich alle mal! Macht's gut.“ So verlässt Theo die Stadt, aber zum Glück bleibt ________ (______) nicht lange alleine: ________ (______) findet einen Freund. Gemeinsam erleben ________ (______) viele Abenteuer und lösen auch Theos Probleme.

TIPP **Wann nimmt man welches Pronomen?**

- **Personalpronomen** stehen als Stellvertreter für Personen, Gegenstände oder Sachverhalte.
  Singular: ich – du – er/sie/es   Plural: wir – ihr – sie
  Die Hefte liegen hier. → **Sie** liegen hier.
- **Possessivpronomen** geben ein Besitzverhältnis an oder drücken eine Zugehörigkeit aus. Sie begleiten oder ersetzen ein Substantiv.
  Singular: mein – dein – sein/ihr/sein   Plural: unser – euer – ihr
  Meine Hose ist blau und **deine** grün.
- **Demonstrativpronomen** weisen auf etwas oder jemanden hin: dieser – diese – dieses, jener – jene – jenes, solcher – solche – solches, derselbe – dieselbe – dasselbe
- **Indefinitpronomen** verwendet man bei Angaben über Personen oder Sachverhalte, die man nicht genauer bestimmen kann/will: jemand – niemand – etwas – nichts – alle – jeder – kein – manche – mehrere – etliche – man – irgendjemand
  Man konnte **nichts** Neues erfahren.
- Die **Relativpronomen** *der, die, das* und *welcher, welche, welches* leiten einen Nebensatz (Relativsatz) ein. Sie richten sich in ihrer Form nach dem Bezugswort.
  Das Haus, **welches** am Fluss stand, wurde abgerissen. Es stand an dem Fluss, **der** in die Mosel mündet.

ÜBUNG 32 ★★★

Welches Pronomen passt nicht in die Reihe? Kreise es ein und begründe deine Wahl.

1. dieser – jener – seiner – solcher Grund: ______________________
2. etwas – du – nichts – kein Grund: ______________________
3. die – mein – dein – sein Grund: ______________________

ÜBUNG 33 ★★★

Unterstreiche alle Pronomen und trage sie in die richtige Spalte der Tabelle ein.

Etliche Bundesbürger werden auch dieses Jahr wieder viel Geld für ihr Feuerwerk an Silvester ausgeben. Das beliebteste Produkt sind nach wie vor die Raketen, die um Mitternacht in die Luft geschossen werden. Man erwartet für dieses Jahr, dass wieder mehrere Millionen Raketen abgefeuert werden. Hilfsorganisationen weisen jedes Jahr darauf hin, dass das Geld, das für die Knallerei ausgegeben wird, besser gespendet werden sollte. Trotz dieser Hinweise und knapper Haushaltskassen lassen sich die Deutschen diesen Spaß aber nicht nehmen.

Neuste Umfragen haben ergeben, dass Frauen lieber ihren Partner zu Silvester knallen lassen, als dass sie selbst zum Feuerzeug greifen. Psychologen erklären solches Verhalten so: Das alte Jahr mit lautem Krachen zu verabschieden, beruht auf dem männlichen Imponiergehabe, das sich bereits zu Urzeiten entwickelt haben soll. Die Lust, sich gegenseitig zu erschrecken, beginne bei manchen Jungen schon im Kindergartenalter und erreiche ihren Höhepunkt in der Pubertät. Es sei somit ein typisch männliches Verhalten.

Personalpron.	Possessivpron.	Demonstr.-pron.	Indefinitpron.	Relativpron.

1.5 Die Präpositionen

ÜBUNG 34 ★☆☆

Setze in den folgenden Text die richtigen Präpositionen ein.

_________ einer Woche bin ich _________ einem Campingplatz _________ Holland. _________ des guten Wetters sind wir oft _________ Strand. _________ Sonnenschirm und Windschutz ausgestattet(,) marschieren wir jeden Morgen _________ Wasser. _________ die Dünen führt ein schmaler Pfad direkt _________ Meer. _________ 12 Uhr gehen wir zur Strandbude, _________ der wir Fritten spezial essen. _________ unserem Mahl halten wir ein Nickerchen. Miriam hat uns gestern _________ einer kalten Dusche geweckt. _________ unseres Schlafes ist sie _________ einem Eimer _________ Meer gegangen und hat uns _________ einer Düne aus nass gespritzt. _________ sie war es ein Riesenspaß.

TIPP **Was sind Präpositionen?**

- Präpositionen (Verhältniswörter) geben **Beziehungsverhältnisse** an. Sie kommen immer mit einem übergeordneten Wort vor (meist Substantiv oder Pronomen). Zusammen bilden sie eine Präpositionalgruppe:
  vor dem Haus – nach zwei Stunden – trotz des Regens – wegen der Ferien
- Die meisten Präpositionen stehen **vor dem Bezugswort** (**nach** Schulschluss). Einige Präpositionen können **sowohl vor als auch hinter dem Bezugswort** stehen (meiner Meinung **nach**/**nach meiner Meinung**), wenige Präpositionen werden **nachgestellt** (neuesten Berichten **zufolge**); sog. Doppelpräpositionen **umschließen das Bezugswort** (**um** des lieben Friedens **willen**).

ÜBUNG 35 ★★☆

Bestimme jeweils die Präpositionalgruppe und ordne die Präpositionen in deinem Übungsheft nach der Stellung (vorangestellt, nachgestellt, umklammernd).

1. Von Anfang an wollte sie die Hausaufgaben nicht machen.
2. Den ganzen Tag über war er schlecht gelaunt.
3. Während des Unterrichts bleibt das Handy aus.
4. Die Nachbarin lehnte sich aus dem Fenster, um besser sehen zu können.
5. Der Schule gegenüber hat ein neuer Kiosk aufgemacht.

ÜBUNG 36 ★★★

Bestimme, ob die Präposition ein lokales (Ort), temporales (Zeit), kausales (Grund) oder modales (Art und Weise) Verhältnis ausdrückt.

1. Peter hat **mit** (_modal_) seinen Freunden eine Abenteuerwanderung **im** (________) Schwarzwald organisiert.
2. **Während** (____________) der letzten Klassenfahrt ging es mitten **in** (____________) der Nacht los.
3. Philipp war sehr ängstlich. **Vor** (_________) lauter Furcht traute er sich nicht **vor** (__________) das Haus.
4. **Nach** (__________) zwei Stunden wurden alle, ausgerüstet **mit** (___________) einem Kompass und einem Handy für den Notfall, **im** (________) Wald allein gelassen.
5. Sie sollten den Weg zur Jugendherberge **in** (___________) weniger als zwei Stunden zurücklegen.
6. Am schnellsten war die Gruppe von Melissa. **Durch** (________) großes Geschick fand sie schnell den Weg **durch** (______) das unwegsame Gelände.
7. Philipp und seine Freunde taten sich sehr schwer. Erst **nach** (________) viereinhalb Stunden hatten sie den Weg **nach** (_________) Hause gefunden.
8. **Nach** (______) ihrer glücklichen Heimkehr gingen alle schnell **ins** (______) Bett.

1.6 Die Konjunktionen

ÜBUNG 37 ★★★

Welche Konjunktion passt nicht? Markiere sie und begründe deine Antwort (↑ S. 26).

1. als – nachdem – bevor – falls Erklärung: ______________________________
2. und – aber – jedoch – oder Erklärung: ______________________________
3. obwohl – und – obgleich – obschon Erklärung: ______________________________

TIPP **Nebenordnende und unterordnende Konjunktionen**

- **Nebenordnende Konjunktionen** verbinden gleichrangige (Teil-)Sätze, Wörter und Wortgruppen. Zu ihnen gehören Konjunktionen, die Sätze, Wortgruppen und Wörter nur **aneinanderreihen** (und, oder, sowohl ... als auch, entweder ... oder), die **Gegensätze** und **Einschränkungen** (aber, trotzdem, doch, jedoch) oder die einen **Grund** angeben (denn, deshalb).
- **Unterordnende Konjunktionen** verbinden einen Nebensatz mit einem Hauptsatz. Sie leiten Aussagen ein: zur **Zeit** (während, bevor, nachdem), zum **Grund** (da, weil), zum **Zweck** (dass, damit), zu **Bedingungen** (denn, falls), zu **Einschränkungen/Gegensätzen** (obwohl, obgleich).

ÜBUNG 38 ★★★

Konjunktionen können nicht nur Wörter oder Wortgruppen miteinander verbinden, sondern auch ganze Sätze. Setze in den folgenden Text die Konjunktionen ein.

entweder ... oder · nicht nur ... sondern auch · und · oder ·
oder · sowohl ... als auch · denn · aber

Marius möchte im Vorgarten ___________ hinter dem Haus einen Teich anlegen. Er fragt ___________ seinen Vater ___________ seine große Schwester, ob sie ihm helfen. ___________ möchte er in den Oster- ___________ in den Sommerferien sein Projekt starten, ___________ vorher muss er sich noch genau erkundigen, was er alles beachten muss. Deshalb informiert er sich ___________ in Gartenzeitschriften, ___________ in Fachbüchern ___________ er fragt auch noch seine Biologielehrerin nach ein paar Tipps. Trotzdem fällt es ihm schwer, zu entscheiden, ob er lieber einen kleinen pflegeleichten Teich anlegt ___________ einen größeren, ___________ seine Eltern lassen ihm freie Hand.

ÜBUNG 39 ★★★

Erstelle in deinem Übungsheft eine Tabelle mit fünf Spalten: *Zeit, Grund, Zweck, Bedingung* und *Gegensatz*. Ordne die Konjunktionen unten in die Tabelle ein.

als · obschon · nachdem · weil · damit · ehe · dass · obgleich ·
um zu · falls · wenn · da · bis · obwohl

1.7 Die Zahlwörter

ÜBUNG 40 ★★★

Entscheide, ob du für die Zahlen in den Klammern eine Ordinalzahl, eine Kardinalzahl oder eine Vervielfältigungszahl einsetzen musst.

Am Samstag lädt Max ____________ (8) Freundinnen und Freunde zum Federballturnier im Garten seiner Eltern ein. Der ____________ (1) bekommt von den anderen einen Kinogutschein. Miriam klingelt als ____________ (1), weil sie nur ____________ (1) Straße weiter wohnt. Als ____________ (3) kommt Valentin. Die ____________ (8) und Letzte ist Hanna. Sie hat sich verspätet, weil sie den Bus verpasst hat. Bis ____________ (22) Uhr können die Freunde Federball spielen. ____________ (2) muss jemand auf den Apfelbaum klettern, weil alle ____________ (3) Federbälle in den Baumkronen hängen geblieben sind.

TIPP Zahlwörter

- Alle Zahlwörter (**Numeralia,** Sing.: das Numerale), die als Beifügung zu einem Substantiv stehen können, sind Adjektive. Zu diesen **Zahladjektiven** gehören:
  - **Grundzahlen:** fünfzig Rosen • die sieben Geißlein
  - **Ordnungszahlen:** der dritte Mann • am ersten Tag
  - **unbestimmte Zahlwörter:** einige Tage • viele Versuche • manche Tiere
  - **Vervielfältigungszahlen:** einfach, zweifach ..., einmalig, zweimalig ...
- Wörter wie *einmal, zweimal, dreimal* oder *erstens, zweitens, drittens* sind **Zahladverbien.**

ÜBUNG 41 ★★★

Die unbestimmten Zahlwörter bezeichnen eine unbestimmte Anzahl oder eine unbestimmte Menge. Setze die unbestimmten Zahlwörter in den Text auf der folgenden Seite ein.

wenig · einige · meiste · wenigen · viele · manche · ein paar

Sophia freut sich darauf, in den Ferien ein __________ länger schlafen zu können. Die __________ Zeit wird sie bei ihren Großeltern verbringen. Ihre Großeltern, die in einer alten Bergmannssiedlung wohnen, halten noch __________ Hühner. __________ der ehemaligen Bergleute haben ihre Tiere abgeschafft, weil sie die __________ Eier, die sie brauchen, lieber im Geschäft kaufen, aber __________ halten sich noch __________ Tiere für den eigenen Bedarf.

1.8 Die Interjektionen

TIPP Was sind Interjektionen?

Interjektionen sind **Ausrufe,** die im Satz isoliert stehen und deshalb oft mit einem Komma oder Ausrufezeichen abgetrennt werden. Sie kommen häufig in gesprochener Sprache oder in Comics vor. Interjektionen sind nicht flektierbar (unveränderlich).

Häufige Interjektionen sind *hä?, oh!, na ja!, ach!, tja!*
Ach, so nennst du das also.

ÜBUNG 42 ★★★

Markiere im folgenden Text die Adverbien rot, die Präpositionen gelb, die Konjunktionen grün und die Interjektionen blau.

Als ich heute Morgen in der Schule mein Matheheft mit den Hausaufgaben aufschlug, traute ich meinen Augen kaum: Überall waren rote Striche und blaue Kringel. Während ich noch überlegte, was das sollte, fiel es mir wie Schuppen von den Augen: Meine kleine Schwester hatte wieder einmal Lehrerin gespielt! Als ich mittags zu Hause war, stellte ich sie sofort zur Rede. Ihre einzige Reaktion war: „Mmh, bunt. Schön. Lehrer spielt." „Nein!", schrie ich sie an. „Das ist nicht schön. Das ist bäh. Ricky kriegt Ärger." Sie schaute mich von unten mit ihren großen blauen Augen an und begann zu weinen. „Äääääh", schluchzte sie. Meine Mutter kam aus der Küche und sah mich fragend an. „Tja", begann ich, „ich glaube, sie hat nicht verstanden, was ich ihr sagen wollte."

2 Die Wortbildung

2.1 Die Zusammensetzung

ÜBUNG 1 ★☆☆

Das Grundwort ist der wichtigste Bestandteil einer Zusammensetzung, es bestimmt das Genus und die Wortart der Zusammensetzung. Unterstreiche bei den folgenden Zusammensetzungen das Grundwort und setze den richtigen Artikel ein.

1. ______________ Autofahrer
2. ______________ Mathematiklehrerin
3. ______________ Kinoplakat
4. ______________ Schulklasse

ÜBUNG 2 ★☆☆

Bestimme die Wortart und entscheide, ob du das Wort groß- oder kleinschreiben musst.

1. Z/zitronengelb ______________________________
2. S/schnellläufer ______________________________
3. F/fertiggericht ______________________________
4. R/riesengroß ______________________________

TIPP **Möglichkeiten der Wortbildung**

1. **Zusammensetzung** (Komposition): Selbstständige Wörter werden zusammengefügt.
   Wunder + schön → wunderschön, Sonne + n + schein → Sonnenschein
   (mit Fugenelement)
2. **Ableitung** (Derivation): Zu einem bestehenden Wort kommt ein **Präfix** (Vorsilbe) oder ein **Suffix** (Nachsilbe) hinzu:
   ver + blühen → verblühen, krank + heit → Krankheit
3. **Kurzwortbildung:** Wörter werden gekürzt:
   Compact Disc → CD, Diskothek → Disko

ÜBUNG 3 ★★☆

Manchmal braucht man zur Verbindung zweier Wörter noch ein sogenanntes Fugenelement. Setze die folgenden Wörter zusammen. Welches Fugenelement brauchst du?

s · en · er · es · n̸ · ens

Bestimmungswort	**Grundwort**	**Zusammensetzung (mit Artikel)**
Brille	Schlange	die Brillenschlange
Freund	Kreis	______
Schmerz	Geld	______
Dorn	Hecke	______
Advent	Kranz	______
Bild	Rahmen	______

ÜBUNG 4 ★★★

Setze mithilfe der folgenden Wortbausteine die Adjektive und Substantive richtig zusammen. Manchmal musst du auch Fugenelemente einsetzen.

braun · drehen · Eis · geheim · gehen · Geist · gut ·
Haus · lesen · Pfeil · reiten · Spindel · Staub · Tag

Adjektive	**Substantive**
______dürr	______bär
______kalt	______schein
______hoch	______tipp
______reich	______stiefel
______trocken	______buch
______schnell	______brille
______hell	______weg

2.2 Die Ableitung

ÜBUNG 5 ★☆☆

Jedes Wort enthält mindestens einen Wortstamm, dieser Wortstamm kann durch das Voranstellen einer Vorsilbe oder das Anhängen einer Nachsilbe zu einem neuen Wort werden. Zerlege folgende Wörter in ihre Wortbausteine *Präfix* und *Wortstamm*.

Aufgabe · Vorfall · Zunahme · Eingang · Verkauf · Entschluss · Abfluss · Rückkehr

ÜBUNG 6 ★★☆

Bilde aus den in Übung 5 gefundenen Präfixen und Wortstämmen neue Wörter.

1. Aufnahme, Aufgang
2. ______
3. ______
4. ______
5. ______
6. ______
7. ______
8. ______

ÜBUNG 7 ★★☆

***-heit, -keit, -nis, -schaft, -tum* und *-ung* sind Suffixe, mit denen du Substantive bilden kannst. Bilde aus den folgenden Adjektiven mithilfe dieser Suffixe Substantive und schreibe sie mit Artikel auf. Denke daran, dass man Substantive großschreibt!**

1. schön ______
2. fähig ______
3. reich ______
4. verwandt ______
5. einig ______ ______
6. gleich ______ ______ ______

ÜBUNG 8 ★★☆

Bilde aus folgenden Wortstämmen Adjektive. Denke daran, dass man Adjektive kleinschreibt!

Gott	göttlich
Wunder	______
Furcht	______
Ärger	______
Traum	______
Wind	______

ÜBUNG 9 ★★☆

Schreibe die typischen Suffixe zur Adjektivbildung heraus.

______

ÜBUNG 10 ★★★

Von welchen Wörtern sind die folgenden Adjektive abgeleitet? Gib die Wortart an.

1. traumhaft Traum (Substantiv)
2. krankhaft ______
3. ernsthaft ______
4. bruchstückhaft ______
5. triebhaft ______
6. lachhaft ______
7. beispielhaft ______
8. mangelhaft ______
9. glaubhaft ______

3 Wortfamilie und Wortfeld

3.1 Die Wortfamilie

ÜBUNG 1 ★★★

Bilde Wortfamilien: Schreibe dazu möglichst viele Wörter verschiedener Wortarten zu den jeweiligen Grundwörtern auf.

1. hören: ______________________________
2. nehmen: ______________________________
3. viel: ______________________________
4. nahe: ______________________________
5. Segen: ______________________________
6. Haar: ______________________________

TIPP **Was ist eine Wortfamilie?**

Alle Wörter, die ein Kernwort als gleichen Bestandteil haben, gehören – obwohl sie ganz unterschiedliche Bedeutungen haben können – zu einer Wortfamilie. Sie können sowohl durch Zusammensetzungen als auch durch Ableitungen gebildet sein. Wörter einer Wortfamilie gehen sprachgeschichtlich auf die gleiche gemeinsame Wurzel zurück.
lern-: lernen, Lerntyp, Lerner, Lernhilfe, Lernstoff, Lerneifer, lernbehindert, lernfähig

ÜBUNG 2 ★★★

Setze in die jeweiligen Wortfamilien den passenden Stamm aus dem Wortspeicher ein.

fall · geb · mut · red · schlag · such

1. Unter________ung, Be________, Ver________, ________e, Ge________
2. ver________en, ________ig, Ent________igung, ________los, Zu________ung
3. ab________en, Um________ung, aus________en, An________er, auf ________en

4. auf______en, Über______, Zu______, ein______en, ver______en

5. Unter______ung, ______e, Verab______ung, ______nerin, Vor______e

6. Vor______, ______er, An______, be______en, ge______en

ÜBUNG 3 ★★☆

Suche zu jedem Wortstamm fünf Wörter.

1. fall: ______________________________
2. geb: ______________________________
3. mut: ______________________________
4. red: ______________________________
5. schlag: ______________________________
6. such: ______________________________

ÜBUNG 4 ★★★

Schreibe je fünfzehn Ableitungen (↑ S. 31) der Wortfamilien *-schreib-* und *-les-* in dein Übungsheft. (Wenn du nicht mehr weiterweißt, kannst du im Duden nachsehen; vergiss dabei nicht, auch bei den verschiedenen Präfixen zu suchen.)

3.2 Das Wortfeld

ÜBUNG 5 ★☆☆

Finde zu jedem der folgenden Wörter mindestens fünf sinnverwandte Wörter. Diese Gruppen bilden jeweils ein Wortfeld (↑ S. 35). Schreibe anschließend die Wortfelder in dein Übungsheft.

fragen · höflich · Sache · schwierig · sagen

TIPP **Was ist ein Wortfeld?**

Wörter, die eine ähnliche – manchmal sogar gleiche – Bedeutung haben oder die inhaltlich zusammengehören, bilden ein Wortfeld. Das ist für den Schreibstil wichtig: Wenn man sich in einem Wortfeld gut auskennt, schreibt man bessere Aufsätze, weil man nicht immer das gleiche Wort wiederholt.
Wortfeld *Wind:* Wind, Sturm, Böe, Orkan, Hurrikan, Tornado, Taifun, Lüftchen, Hauch

ÜBUNG 6 ★★☆

Im folgenden Text findest du viele Wortwiederholungen; ersetze die Wörter in den Klammern durch sinnverwandte Ausdrücke.

Ein Nachbarschaftsfest

Am vergangenen Samstag haben wir ein Nachbarschaftsfest gefeiert. Insgesamt haben 35 Familien ______________________________ (mitgefeiert). Unsere Straße wurde für den Durchgangsverkehr gesperrt, damit wir auch auf der ______________________________ (Straße) feiern konnten. Nachmittags haben wir zwei Turniere veranstaltet. Alle Kinder und auch viele der Erwachsenen haben mitgemacht. Die einen haben beim Rollhockey ______________________________ (mitgemacht) und die anderen Fußball gespielt. Wir hatten alle sehr viel Spaß bei den ______________________________ (Spielen).
Alle Nachbarn haben etwas zu essen mitgebracht. Mein großer Bruder hat einen Sauerkrautsalat ______________________________ (mitgebracht). Unsere Nachbarin hatte eine Käsesuppe gemacht und meine Mutter hatte ihre berühmten Donauwellen ______________________________ (gemacht). Es hat allen gut geschmeckt. Am besten hat mir aber die Riesenportion Eis ______________________________ (geschmeckt), die ich als Nachtisch gegessen habe. Am Abend haben wir ein Lagerfeuer angezündet. Als es später kühl wurde, haben alle ganz nah an ______________________________ (Lagerfeuer) gestanden. Bevor wir ins Bett gingen, sagte meine Mutter, dass das bestimmt das schönste Nachbarschaftsfest seit Jahren gewesen ist und dass wir nächstes Jahr ______________________________ (bestimmt) wieder feiern werden.

4 Der Satz

4.1 Die Satzglieder: Subjekt, Prädikat, Objekt, adverbiale Bestimmung

ÜBUNG 1 ★☆☆

Bilde aus den einzelnen Wörtern einen sinnvollen Satz.

ICH · SCHWESTER · IN · STADT · DER · GESTERN · PETERS · TRAF · ABEND

ÜBUNG 2 ★☆☆

Führe an diesem Satz die Umstellprobe durch: Bilde fünf verschiedene sinnvolle Sätze.

____

____

____

____

____

TIPP **Wie erkennt man ein Satzglied?**

Jeder Satz setzt sich aus Wörtern oder Wortgruppen zusammen. Diese Satzbausteine haben jeweils eine bestimmte inhaltliche Funktion. Wörter, die in ihrer Funktion zusammengehören, stellen ein **Satzglied** dar.

Welche Wörter oder Wortgruppen ein Satzglied bilden, kann man mithilfe der **Umstellprobe** oder der **Ersatzprobe** herausfinden. Diejenigen Wörter, die gemeinsam verschoben oder ersetzt werden können, bilden ein Satzglied.

- **Satzglieder:** Sara / kocht / das Essen.
- **Ersatzprobe:** Sie (= Sara) / kocht / es (= das Essen).
- **Umstellprobe:** Das Essen / kocht / Sara.

ÜBUNG 3 ★★★

Welche Wörter bleiben immer zusammen und bilden somit ein Satzglied? Setze in Übung 2 Trennstriche zwischen die Satzglieder und notiere die Satzglieder hier.

TIPP Die wichtigsten Satzglieder

- Das **Subjekt** benennt in einem Satz denjenigen, der etwas tut.
  Der **Kfz-Mechaniker** schaute zunächst auf das TÜV-Siegel.
- Das **Prädikat** gibt an, was getan wird.
  Er **überprüfte** außerdem das Reifenprofil.
- Das **Objekt** ist eine Ergänzung zum Verb (wem passiert/wen betrifft etwas?). Es gibt:
  - **Genitivobjekte** (Wessen?): Es bedurfte **eines Zeitraums** von etwa zwei Stunden.
  - **Dativobjekte** (Wem oder was?): Er gab **mir** einen Rat.
  - **Akkusativobjekte** (Wen oder was?): **Den Motor** schaute er sich gut an.
  - **präpositionale Objekte:** Er rechnete **mit einer aufwendigen Reparatur.**
- **Adverbiale Bestimmungen** machen nähere Angaben zum Ort, zur Zeit, zur Art und Weise und zum Grund (↑ Tipp, S. 40).

ÜBUNG 4 ★★★

Suche den wichtigsten Teil des Satzes, das Prädikat, und unterstreiche es. Achtung: Das Prädikat besteht nicht immer aus einer einfachen Verbform, sondern kann auch zweiteilig sein (konjugierte und nicht konjugierte Prädikatsteile)!

1. Auf dem Weihnachtsbasar haben wir unsere Waren angepriesen.
2. Besonders gern wurden die Strohsterne gekauft.
3. Leider wollte niemand mein Fensterbild haben.
4. Am späten Nachmittag kamen meine Eltern.
5. Aus lauter Mitleid haben sie das Fensterbild erworben.
6. Jetzt hängt es bei mir im Zimmer.
7. Nächstes Jahr werde ich bestimmt nicht basteln.
8. Hoffentlich kann ich besser Plätzchen backen.

ÜBUNG 5 ★★☆

Trenne die Satzglieder durch senkrechte Striche voneinander, unterstreiche das Prädikat und schreibe für die kursiv gedruckten Satzglieder die Kasusfrage auf. Bestimme, ob es sich um ein Subjekt (S), ein Genitivobjekt (GO), ein Dativobjekt (DO), ein Akkusativobjekt (AO) oder ein Präpositionalobjekt (PO) handelt.

1. Im Mittelalter | lebte | in einem kleinen Dorf | *eine berühmte Hexe.*

   Wer lebte im Mittelalter in einem kleinen Dorf? Eine berühmte Hexe (S).

2. Viele Menschen vertrauten *dieser Hexe.*

   ____

3. Drei Ärzte versuchten *den kranken Bürgermeister* zu heilen.

   ____

4. Doch *kein Arzt* wusste Rat.

   ____

5. Da bat die Frau des Kranken die Hexe *um Hilfe.*

   ____

6. Die Hexe gab der Frau bereitwillig *die rettende Medizin.*

   ____

7. Später wurde die Hexe *der Gotteslästerung* angeklagt.

   ____

8. Nun bedurfte sie *der Hilfe des Bürgermeisters.*

   ____

9. Doch dieser hatte *die Tat der Hexe* vergessen.

   ____

10. *Die Frau* wurde am 14. 4. 1169 auf dem Scheiterhaufen verbrannt.

    ____

11. Man kann offenbar *niemandem* trauen.

    ____

ÜBUNG 6 ★★★

Setze passende Präpositionalobjekte in die Lücken ein. Schreibe darunter, wie du das Präpositionalobjekt erfragst.

1. Peter fürchtet sich ____________________________

   Frage: ____________________________

2. Ich halte ihn ____________________________

   Frage: ____________________________

3. Manchmal kann man nur ____________________________

   hoffen.

   Frage: ____________________________

4. Sarah entwickelt sich ____________________________

   Frage: ____________________________

ÜBUNG 7 ★★★

Bestimme die Satzglieder, indem du die entsprechende Abkürzung darunterschreibst: S = Subjekt, P = Prädikat, GO = Genitivobjekt, DO = Dativobjekt, AO = Akkusativobjekt, AB = adverbiale Bestimmung (lokal, temporal ...), ATT = Attribut.

1. Wir gedenken unserer Verstorbenen.

   ____

2. Die Mannschaft trainiert in der Halle.

   ____

3. Du bist nicht zum Vergnügen angestellt.

   ____

4. Hier gibt es Schreibblöcke mit Rand.

   ____

5. Nach dem Essen werde ich müde.

   ____

TIPP **Adverbiale Bestimmungen**

Adverbiale Bestimmungen bezeichnen die näheren Umstände des Satzgeschehens. Man unterscheidet sie nach ihrer Bedeutung. So kann man sie z. B. erfragen:

- **Temporaladverbiale:** wann?, wie lange?, seit wann?
  Am Wochenende fahren wir Schlitten. • **Letztes Jahr** ging es mir nicht so gut.
- **Lokaladverbiale:** wo?, woher?, wohin?
  Am Wochenende fahren wir **in einen Freizeitpark.** • **In der Schule** hatte ich sehr viel Pech.
- **Modaladverbiale:** wie?, wie sehr?
  Das Wochenende im Freizeitpark gefiel mir **sehr gut.** • Deshalb stürze ich mich **mit vollem Elan** in meine Schularbeiten.
- **Kausaladverbiale:** warum?, wodurch?
  Deswegen helfe ich meiner Mutter nun im Haushalt. • **Wegen der vielen Arbeit** habe ich so gut wie keine Freizeit mehr.

ÜBUNG 8 ★★★

Markiere die adverbialen Bestimmungen im Text. Schreibe sie in dein Übungsheft und notiere, um welche adverbiale Bestimmung es sich jeweils handelt.

Gestern fing es endlich an zu schneien. Wochenlang hatten wir bereits darauf gewartet. Wir freuten uns wie kleine Kinder. Sofort schnappte ich glücklich meinen neuen Schlitten und zog ihn zum Schlittenberg in der Nähe unseres Hauses. Dort herrschte bereits ein reges Treiben. Ich stürzte mich mitten hinein und fuhr los. In meiner Freude übersah ich den Strauch, der auf halber Höhe des Berges wuchs. Erschreckt versuchte ich noch auszuweichen, aber es war zu spät. Um das Schlimmste zu verhindern, fing ich mich mit meinem Daumen am Stamm des Strauches ab. Ich kam zum Stehen, mein Schlitten fuhr ohne mich weiter. Doch mein Daumen stand etwas komisch von meiner Hand ab. Sofort ging ich traurig nach Hause und ließ mich von meiner Mutter zum Arzt fahren. Nach dem Röntgen war klar: Der Daumen war gebrochen. Ich bekam einen Gips mit einem dicken Verband. Das war wohl meine erste und letzte Freude mit dem Schnee in diesem Jahr! Dummerweise ist es erst Januar und der Winter könnte noch lange andauern. Das ist superärgerlich.

ÜBUNG 9 ★★★

Bestimme in deinem Übungsheft mithilfe von Fragen die unterstrichenen adverbialen Bestimmungen (↑ Tipp).

1. Anfang des letzten Jahrhunderts etablierte sich das Kino als beliebte Freizeitbeschäftigung.

   Wann etablierte sich das Kino als beliebte Freizeitbeschäftigung?

   Anfang des letzten Jahrhunderts (temporale adv. Best.)

2. In vielen großen Städten Deutschlands öffneten riesige Lichtspielhäuser.
3. Die Besucher schauten sich fasziniert die laufenden Bilder auf der Leinwand an.
4. Durch die Erfindung der Tonspur war der Siegeszug des Kinos nicht mehr aufzuhalten.
5. Die älteren Menschen verteufelten aus Furcht vor der neuen Technik das neue Medium.

TIPP **Welche adverbialen Bestimmungen gibt es noch?**

- Adverbiale Bestimmung des Mittels **(instrumentale adverbiale Bestimmung):** Man fragt nach ihr mit: womit?, wodurch?
- Adverbiale Bestimmung des Zwecks **(finale adverbiale Bestimmung):** Man fragt nach ihr mit: wozu?, in welcher Absicht?, zu welchem Zweck?
- Adverbiale Bestimmung der Bedingung **(konditionale adverbiale Bestimmung):** Man fragt nach ihr mit: unter welcher Bedingung?
- Adverbiale Bestimmung der Folge **(konsekutive adverbiale Bestimmung):** Man fragt nach ihr mit: mit welcher Wirkung?, mit welcher Folge?
- Adverbiale Bestimmung der Einräumung **(konzessive adverbiale Bestimmung):** Man fragt nach ihr mit: trotz wessen?, trotz welchen Hindernisses?

ÜBUNG 10 ★★★

Ordne die Beispielsätze den jeweiligen adverbialen Bestimmungen richtig zu.

1. Zur Information wird die Zeitschrift „Kinonews“ verteilt. → finale adv. Best.
2. Zum Entsetzen der Fans kündigte der Filmstar seinen Rückzug aus dem Showbusiness an. ______
3. Die Kinobesucher werden durch die Hochglanzplakate angelockt. ______
4. Das Interesse am Kino ist trotz steigender Eintrittspreise groß. ______
5. Bei Regenwetter sind Kinos besser besucht. ______

ÜBUNG 11 ★★☆

Entscheide, ob die fett gedruckten Wendungen ein Attribut oder eine adverbiale Bestimmung sind.

1. Am Anfang des Markttages liefern die geschäftstüchtigen Händler ihre Waren **auf dem riesigen Platz** (______________________________) an.
2. Die Bauern **aus den umliegenden Dörfern** (______________________________) verkaufen ihre Ware.
3. Die meisten kaufen aber **im nahe gelegenen Großmarkt** (______________________________) noch Obst und Gemüse zu, um den Kunden ein breites Angebot machen zu können.
4. Die Waren **aus dem Großmarkt** (______________________________) kommen zum Teil **aus weit entfernten Ländern** (______________________________).
5. **Auf dem Großmarkt** (______________________________) werden Waren **aus weit entfernten Ländern** (______________________________) angeboten.

TIPP **Adverbiale Bestimmung/Attribut/präpositionales Objekt**

- Eine **adverbiale Bestimmung** ist ein Satzglied, das für die Vollständigkeit des Satzes nicht notwendig ist, aber zur Genauigkeit beiträgt. Sie liefert zusätzliche Informationen zu einem Sachverhalt oder zu den Umständen des Geschehens (Zeit, Ort, Grund usw.). Sie wird mit *wann?, wie lange?, wo?, wie? weshalb?* usw. erfragt.
  Marie spielt **in ihrer Freizeit** Theater. = Temporaladverbiale *(wann?)*
  Marie spielt **gern** Theater. = Modaladverbiale *(wie?)*
- Ein **Attribut** ist kein selbstständiges Satzglied, es bleibt bei der Ersatz- oder Umstellprobe immer mit seinem Bezugswort verbunden. Nach einem Attribut fragt man mit den Fragewörtern *welche(r)?, was für eine(r)?.*
  Marie spielt in ihrer **knappen** Freizeit gern **experimentelles** Theater.
  → *knappen* = Attribut zu *Freizeit*
  → *experimentelles* = Attribut zu *Theater*
- Nach einem **präpositionalen Objekt** fragt man mit einem Fragewort, das die Präposition enthält. Die Präposition eines **Präpositionalobjekts** wird von dem Verb oder dem Adjektiv bestimmt, von dem es abhängt (sich kümmern **um**, anknüpfen **an**, suchen **nach ...**).
  Ich informiere mich **über mein Reiseziel.** **Worüber/über was** informiere ich mich?
  Er wartet **auf die Bücher.** **Worauf/auf was** wartet er?
  Sie freut sich **über das gute Wetter.** **Worüber/über was** freut sie sich?

ÜBUNG 12 ★★★

Bestimme die unterstrichenen Satzglieder. Unterscheide (in den Klammern) zwischen adverbialen Bestimmungen (AB), Attributen (ATT) und präpositionalen Objekten (PO).

1. Der KfZ-Mechaniker arbeitet mit großer Sorgfalt (__________) an der Reparatur des Wagens.
2. Er verfügt über exzellentes Fachwissen (__________).
3. Ein Auszubildender holt die Kiste mit dem Werkzeug (__________).
4. Durch die gute Zusammenarbeit (__________) schafft das Team die schwierige Reparatur in weniger als zwei Stunden (__________).

TIPP **Die verschiedenen Attribute**

Ein Attribut ist eine Beifügung zu einem Substantiv. Es gibt verschiedene Formen des Attributs. Einige Attributarten kommen häufig vor:

- **Adjektivattribute:** Die Ferienzeit ist die **schönste** Zeit des Jahres.
- **Genitivattribute:** Die Ferienzeit ist die schönste Zeit **des Jahres.**
- **Präpositionale Attribute:** Die Ferien **im Sommer** sind die schönsten.
- **Pronomen:** **Unsere** Ferien sind vorbei.
- **Zahlwörter:** **Zwei** Sommer lang haben wir die Ferien in Schweden verbracht.
- **Apposition** (Zusatz): Die Apposition ist ein Sonderfall des Attributs. Sie besteht in ihrem Kern immer aus einem Substantiv und steht im gleichen Kasus (Fall) wie das Bezugswort; die Apposition wird in Kommas gesetzt: Die Ferien**, die schönsten Wochen des Jahres,** sind leider schon wieder vorbei.

ÜBUNG 13 ★★☆

Suche die Attribute aus den Werbesprüchen heraus, schreibe sie in dein Übungsheft und entscheide über die Art des Attributs: Adjektiv, Genitivattribut, präpositionales Attribut, Pronomen oder Zahlwort.

1. Brillante Farben ohne Nachtönen!
2. Längerer Genuss bei gleichem Preis!
3. Unser Bestes nur für Sie!
4. Jetzt neu: zehn Geschmacksrichtungen!
5. Die Neuheit des Jahres!
6. Die beste Schokolade: quadratisch, praktisch, gut.

ÜBUNG 14 ★☆☆

Kreise im Text die Substantive ein, zu denen genauere Angaben gemacht werden (Bezugswörter). Unterstreiche danach die dazugehörigen Attribute.

Ein sehr berühmtes Beispiel für Heldensagen der deutschen Literatur ist das „Nibelungenlied". Die schreckliche Geschichte um Liebe, Hass und Rache spielt im fünften Jahrhundert, wurde aber erst um 1200 von einem unbekannten Verfasser aufgeschrieben. Sie erzählt von Siegfrieds Tod durch seinen ehemaligen Freund Hagen und von Kriemhilds Rache. Die wohl bekannteste Episode des Nibelungenliedes ist die Geschichte von Siegfrieds Kampf mit einem Drachen. In diesem ungleichen Kampf besiegte Siegfried wider Erwarten einen mächtigen Drachen. Als das Blut des Drachen in einem dicken Strahl herausschoss, bemerkte Siegfried zufällig, dass er durch den Kontakt mit dem Drachenblut unverwundbar wurde. Also badete er im Blut des Untiers, sodass seine Haut hörnern wurde bis auf eine kleine Stelle am Rücken zwischen den Schultern. Dorthin war ein Lindenblatt gefallen. An dieser Stelle wird sein Freund Hagen ihn später tödlich verletzen.

ÜBUNG 15 ★★☆

Bilde zu jedem Adjektiv jeweils zwei Sätze, indem du das Adjektiv zuerst als Attribut und dann als adverbiale Bestimmung verwendest.

entsetzt: ______________________________

____

leise: ______________________________

____

hart: ______________________________

____

zornig: ______________________________

____

4.2 Die Satzarten

ÜBUNG 16 ★★★

Wir benutzen verschiedene Arten von Sätzen, je nachdem, ob wir etwas aussagen, jemanden auffordern oder etwas fragen wollen. Bestimme, um welche Satzarten es sich handelt. Füge die richtigen Satzzeichen hinzu.

Beispiel: Familie Müller fährt in den Urlaub und irgendwo zwischen Münster und Osnabrück passiert es: Ihr Auto bleibt mit einer Reifenpanne liegen. → Aussagesatz

1. Die Familie begibt sich sofort an die Arbeit_ ____________
2. „Hast du irgendwo die Anleitung für den Reifenwechsel gesehen_“ ____________
3. „Für diese einfache Reparatur brauchen wir bestimmt keine Anleitung_“ ____________
4. „Wer von euch hat denn schon mal einen Reifen gewechselt_“ ____________
5. „Gib mir doch mal den Wagenheber her_“ ____________
6. „Wo hast du den Schraubenschlüssel hingelegt_“ ____________
7. „Die Schraube klemmt_“ ____________
8. „Reich mir bitte die Radkappe_“ ____________
9. Mit vereinten Kräften ist der Reifen schnell gewechselt_ ____________
10. Nun können sie endlich ihre Urlaubsfahrt an die Nordsee fortsetzen_ ____________

ÜBUNG 17 ★★★

An welcher Stelle im Satz befindet sich in Übung 16 jeweils das Prädikat?

Aussagesatz: ____________

Fragesatz: ____________

Aufforderungssatz: ____________

TIPP **Welche Arten von Fragesätzen gibt es?**

Man unterscheidet zwischen Entscheidungsfragen (Wortfragen) und Ergänzungsfragen (W-Fragen):

- Bei den **Entscheidungsfragen** steht die Personalform des Verbs an erster Stelle. Der Gesprächspartner kann nur mit „Ja" oder „Nein" antworten.
  Hast du den Pannendienst schon verständigt? Nein.
- Bei den **Ergänzungsfragen** steht ein Fragewort (*wer, was, wann, wo* …) an erster Stelle und dahinter erst die Personalform des Verbs. Die Antwort besteht meist aus mehreren Wörtern oder einem ganzen Satz, weil die Antwort über Sachverhalte, Dinge oder Personen informieren soll.
  Wo ist die nächste Notrufsäule? Die nächste Notrufsäule steht 100 Meter weiter.

ÜBUNG 18 ★☆☆

Welche Arten von Fragesätzen kommen in Übung 16 vor?

Satz 2: ______________________________

Satz 4: ______________________________

Satz 6: ______________________________

ÜBUNG 19 ★★☆

Wieder ins Auto eingestiegen sagt Frau Müller zu ihrem Mann: „Du fährst weiter." Wie muss der Satz betont werden, wenn er als Frage, als Aufforderung oder als Feststellung verstanden werden soll? Probiere das aus! Formuliere den Satz so um, dass auch in geschriebener Form die Absicht des Sprechers zu erkennen ist.

Frage:

____

Aufforderung:

____

Feststellung:

____

4.3 Die Satzformen

ÜBUNG 20 ★★★

Satzreihen können mit einer Konjunktion verbunden werden. Setze bei den folgenden Sätzen die passenden Konjunktionen ein. Die einzelnen Konjunktionen können mehrfach gebraucht werden.

und · denn · aber · doch

1. Julia lässt ihre Gäste an der Geburtstagstafel Platz nehmen(,) ______________ sie fordert alle dazu auf, reichlich zuzuschlagen.
2. Es gibt Kuchen und Schokoladenfondue, ______________ darauf hat sich Julia schon lange gefreut.
3. Julia hat viele kleine Fruchtstücke geschnitten, ______________ die Erdbeeren hat sie ganz gelassen.
4. Jeder taucht Berge von Obst in die Schokoladensoße ein, ______________ die Soße reicht für alle, ______________ Julia hat einen großen Topf vorbereitet.
5. Julia ist sehr zufrieden mit ihrer Feier(,) ______________ am Abend geht sie glücklich ins Bett.

TIPP **Satzreihen und Satzgefüge**

- Sätze werden **nach ihrer Form** untergliedert in **Hauptsätze** und **Nebensätze.**
  Das ist ein Hauptsatz.
  Der Satz, **der zwischen den Kommas steht,** ist ein Nebensatz.
- In einer **Satzreihe** oder **Satzverbindung (Parataxe)** ist ein Hauptsatz mit einem weiteren Hauptsatz verbunden. Satzreihen sind durch Kommas (↑ S. 107) oder durch nebenordnende Konjunktionen miteinander verbunden.
- Als **Satzgefüge (Hypotaxe)** bezeichnet man die Verbindung von Hauptsatz und Nebensatz. Von einem Hauptsatz können auch mehrere Nebensätze abhängen. Nebensätze können ihrerseits von einem Hauptsatz oder einem anderen Nebensatz abhängen (↑ S. 106).
  Nebensätze werden immer mit einem Komma vom übergeordneten Satz abgetrennt.

ÜBUNG 21 ★★☆

Setze die Adverbien in die folgenden Satzverbindungen ein und schreibe in die Klammer, um welches Verhältnis es sich handelt (↑ Tipp).

dadurch · dazu · daraufhin · dennoch · ~~deshalb~~ · deswegen · trotzdem

1. Die Herbstferien sind am Samstag zu Ende, deshalb ist unsere letzte Woche im Ferienlager nun angebrochen. (kausal)
2. Gestern Abend haben wir bis spät in die Nacht am Lagerfeuer gesessen, ______________ haben wir heute Morgen alle lange geschlafen. (______________)
3. Leider hat heute Morgen Maries Wecker nicht geklingelt, ______________ hat sie verschlafen und es nicht geschafft, beim Bäcker Brötchen zu holen. (______________)
4. In der nächsten Woche ist hier ein Konzert meiner Lieblingsband, ______________ müssen wir leider nach Hause fahren. (______________)
5. Vorige Woche haben wir selbst einen Backofen gebaut, ______________ haben wir einen großen Metalleimer über einer Feuerstelle in die Erde eingelassen. (______________)
6. Leider regnet es in den letzten Tagen recht häufig, ______________ können wir nicht mehr so oft draußen sein. (______________)
7. Gestern waren wir lange in der Disco, ______________ bin ich heute nicht müde. (______________)

TIPP Adverbien zur Verbindung zweier Hauptsätze

Durch Adverbien können die Handlungen oder Tatsachen, von denen in den beiden Sätzen einer Satzreihe die Rede ist, näher aufeinander bezogen werden.

Verhältnis	Fachbegriff	gebräuchliche Adverbien
begründend	kausal	*deshalb, deswegen*
eine Handlung als Folge der anderen	konsekutiv	*dadurch, dazu, so*
nicht ausreichender Gegengrund	konzessiv	*dennoch, trotzdem*
zeitlich	temporal	*dann, darauf, danach*
nähere Umstände einer Handlung	modal	*damit, dadurch*

Ich war gestern todmüde, **daher** bin ich früh ins Bett gegangen. (= kausal)

ÜBUNG 22 ★★★

Markiere den Nebensatz und bestimme, ob es sich um einen Subjektsatz, um einen Objektsatz oder um einen Adverbialsatz (zu den Adverbialsätzen ↑ Tipp, S. 52) handelt.

1. Die Geschichten Astrid Lindgrens finden überall Freunde, wo sie Kindern begegnen.

   → ______________________

2. Dass die lebensgefährlichen Pocken weltweit ausgerottet sind, verdanken wir dem Impfen.

   → ______________________

3. Wer Figuren wie Pippi, Ronja Räubertochter oder die Brüder Löwenherz erfindet, wird weiter die Herzen der Kinder erobern.

   → ______________________

4. Die berühmte Kinderbuchautorin Astrid Lindgren fand ihre letzte Ruhe dort, wo sie 1908 als Tochter eines Landwirts geboren wurde.

   → ______________________

5. Kinder können am besten beurteilen, ob Astrid Lindgren zu Recht so berühmt ist.

   → ______________________

TIPP Unterteilung von Nebensätzen (Gliedsätzen) nach ihrer Funktion

Nebensätze können nach verschiedenen Gesichtspunkten unterschieden werden. Betrachtet man Nebensätze hinsichtlich ihrer Funktion, spricht man von **Gliedsätzen.**

Ein Gliedsatz trägt den Namen des Satzglieds, dessen Stelle er einnimmt:

- **Subjektsatz:** **Wer pünktlich kam,** schaffte die Arbeit ohne Probleme.
- **Objektsatz:** **Wer mein Freund ist,** dem vertraue ich.
- **Adverbialsatz:** Den Winter verbringe ich, **wo es warm ist.**
  (Zu den verschiedenen Adverbialsätzen ↑ S. 52.)
- **Attributsatz:** Das Ersatzteil, **das ich suchte,** fand ich im Schuppen.
  Am Ende gewann der Wagen, **auf den die meisten gewettet hatten.**

Die wichtigste Form des Attributsatzes ist der Relativsatz. Relativsätze werden eingeleitet durch ein Relativpronomen. Wie bei allen Nebensätzen steht die Personalform des Verbs an letzter Satzgliedstelle. Attributsätze werden dem Bezugswort in der Regel nachgestellt und mit Kommas vom übergeordneten Satz abgetrennt.

ÜBUNG 23 ★★★

Formuliere die folgenden Sätze so um, dass aus den hervorgehobenen Satzgliedern ein Nebensatz wird.

1. Wir erinnerten uns **der schon gesehenen Filme.**

   Wir erinnerten uns an die Filme, die wir schon gesehen hatten.

2. Er möchte **unsere Hilfe** nicht.

   ___

3. **Zur Klärung der Streitfrage** führten wir eine Diskussion.

   ___

4. **Nach dem Essen** tranken wir Tee.

   ___

5. **Die Zuhörer begrüßend,** begann er seine Rede.

   ___

6. **Wegen des Regens** gehen wir nicht wandern.

   ___

ÜBUNG 24 ★★★

Wandle in den folgenden Sätzen die hervorgehobenen Attribute in Attributsätze (Relativsätze) um. Benutze dazu dein Übungsheft und achte auf die Zeichensetzung (↑ S. 106).

1. Der **diensthabende** Streckenposten muss sehr konzentriert sein.
2. Die Aufschrift **auf dem Auto** wirbt für eine Bekleidungsfirma.
3. Am Ende des Rennens wird überprüft, ob das Auto **des Siegers** den Regeln entspricht.
4. Der **siegreiche** Motorsportler wird mit einem Pokal und einer großen Flasche Champagner geehrt.

ÜBUNG 25 ★★★

Unterstreiche alle Subjekt- und Objektsätze; ergänze entsprechend die nötigen Kommas.

1. Jeden Abend um kurz vor acht zeigt uns der Wetterbericht im Fernsehen wie am darauffolgenden Tag das Wetter wird.

2. Durch Beobachtung und Erhebung physikalischer Daten können die Meteorologen voraussagen ob es am nächsten Tag schönes oder regnerisches Wetter geben wird.
3. Natürlich können sie nicht garantieren dass ihre Voraussagen richtig sind.
4. Wann die Wetterfronten über Deutschland hinwegziehen hängt von der Großwetterlage ab.
5. Aus den Wetterdaten der Satelliten das Wetter exakt vorherzusagen fällt jedoch schwer.
6. Immer wieder kommt es vor dass unerwartete Entwicklungen die Berechnungen über den Haufen werfen.
7. Dass man sich sicher auf den Wetterbericht verlassen kann wünschen sich nicht nur die Leute die einen Urlaub planen.
8. Vor allem die Landwirte möchten im Sommer wissen ob sie am nächsten Tag ihr Land bewässern müssen oder ob es Regen gibt.
9. Doch leider wird es nie ganz gelingen das Wetter richtig vorauszusagen.

ÜBUNG 26 ★★★

Bestimme die unterstrichenen Nebensätze aus Übung 25 nach ihrer Funktion (Objektsatz oder Subjektsatz) und nach ihrer Form (dass-Satz, indirekter Fragesatz, Infinitivsatz; ↑ S. 59).

Satzgefüge 1: Objektsatz, indirekter Fragesatz

Satzgefüge 2: ______________________

Satzgefüge 3: ______________________

Satzgefüge 4: ______________________

Satzgefüge 5: ______________________

Satzgefüge 6: ______________________

Satzgefüge 7: ______________________

Satzgefüge 8: ______________________

Satzgefüge 9: ______________________

TIPP Die verschiedenen Nebensätze (Adverbialsätze)

Ein Adverbialsatz ist ein Nebensatz, der die Stelle einer adverbialen Bestimmung (↑ S. 40) einnimmt. Man kann ihn mit *wo?*, *wie?*, *warum?*, *wann?* usw. erfragen.

Adverbialsätze werden nach ihrer **inhaltlichen Bedeutung** unterschieden:

Kausalsatz (Grund/Ursache: *Warum?*)	**Weil es regnete,** fiel das Fest aus.
Konditionalsatz (Bedingung/Voraussetzung: *Unter welcher Bedingung? Unter welcher Voraussetzung?*)	**Falls am Sonntag die Sonne scheint,** gehen wir ins Schwimmbad.
Finalsatz (Ziel/Absicht: *Mit welchem Ziel?*)	Sie trainierte täglich, **um zu gewinnen.**
Konsekutivsatz (Folge/Wirkung: *Mit welcher Folge?*)	Sie trainierte täglich, **sodass sie gewann.**
Konzessivsatz (Einräumung: *Trotz welcher Einschränkung?*)	**Obwohl es nicht regnete,** fiel das Fest aus.
Temporalsatz (Zeitpunkt/Zeitdauer: *Wann?*)	**Als das Fest beendet war,** begann es zu regnen.
Adversativsatz (Gegenüberstellung von Aussagen: *Was passiert im Gegensatz dazu?*)	Ich muss trainieren, **wohingegen du feiern gehst.**
Modalsatz (Umstände: *Wie?*)	Sie feierten, **wobei sie sangen und tanzten.**
Lokalsatz (Ort/Richtung: *Wo?*)	Wir feiern dort, **wo der Grillplatz ist.**

ÜBUNG 27 ★★☆

Wandle die hervorgehobenen adverbialen Bestimmungen in Adverbialsätze um, achte auf die Zeichensetzung (↑ S. 106). Benutze dein Übungsheft.

1. **Wegen des wechselhaften Wetters** müssen die Mechaniker die Reifen besonders sorgfältig auswählen.
2. **Bei Sonnenschein und großer Hitze** sind andere Reifen auszuwählen als **bei leichtem Nieselregen.**
3. Die endgültige Entscheidung wird meist erst **nach dem ausgiebigen Studium der Wettervorhersage** getroffen.
4. **Wegen ihrer großen Erfahrung** können die Mechaniker aber viele Entwicklungen schon vorhersehen und rechtzeitig entscheiden.
5. Ein Formel-1-Sieg ist **nur durch eine hervorragende Teamarbeit** zu erreichen.
6. **Bei der Siegerehrung** müsste also das ganze Team vertreten sein.

ÜBUNG 28 ★☆☆

Wenn Nominalausdrücke mit der Präposition *wegen* verbunden sind, haben sie einen kausalen Sinn. Daher kann man sie auch in Kausalsätze verwandeln. Formuliere die folgenden Teilsätze in kausale Adverbialsätze um.

Warum ist es in Weimar so schön?

1. wegen des Schiller-Hauses, das man besichtigen kann

   In Weimar ist es so schön, weil man dort das Schiller-Haus besichtigen kann.

2. wegen des schönen Parks, in dem das Sommerhaus von Goethe liegt

   ____

3. wegen der Straßenmusikanten, die die Besucherinnen und Besucher unterhalten

   ____

4. wegen des Cafés am Marktplatz, in dem man den weltbesten Mohnkuchen essen kann

   ____

5. wegen der vielen alten Häuser, die gut und geschmackvoll renoviert sind

   ____

ÜBUNG 29 ★★☆

Unterstreiche die Konditionalsätze in den Auszügen des Jugendschutzgesetzes und beantworte dann die folgenden Fragen.

JuSchG § 4 Gaststätten

(1) Der Aufenthalt in Gaststätten darf Kindern und Jugendlichen unter 16 Jahren nur gestattet werden, wenn eine personensorgeberechtigte oder erziehungsbeauftragte Person sie begleitet oder wenn sie in der Zeit zwischen 5 Uhr und 23 Uhr eine Mahlzeit oder ein Getränk einnehmen. [...]

(2) Absatz (1) gilt nicht, wenn Kinder oder Jugendliche an einer Veranstaltung eines anerkannten Trägers der Jugendhilfe teilnehmen oder sich auf Reisen befinden.

1. Unter welchen Bedingungen dürfen sich Kinder und Jugendliche unter 16 Jahren in Gaststätten aufhalten?

____

____

2. Unter welcher Voraussetzung gilt Absatz (1) nicht?

____

____

ÜBUNG 30 ★★★

Wandle die unterstrichenen adverbialen Bestimmungen in Konditionalsätze um.

Beispiel: Bei Regenwetter hat Julia immer schlechte Laune.

Wenn es regnet, hat Julia immer schlechte Laune.

1. Mit etwas Übung bist du genauso schnell wie Julius.

____

2. Oberflächlich betrachtet ist der Klassenraum sauber.

____

3. Bei schlechtem Wetter muss das Schulfest leider ausfallen.

____

4. Christian hat beim Joggen immer die besten Ideen.

____

5. Ohne ausreichendes Training wird Max sein Tennismatch bestimmt verlieren.

____

ÜBUNG 31 ★★★

Ein Konditionalsatz kann auch ein uneingeleiteter Nebensatz sein. Die Personalform des Verbs steht dann an erster Stelle (Stirnsatz).
Konjunktionalsatz: *Wenn es in der Mensa mittags Pommes mit Hähnchen gibt, dann ...*
Stirnsatz: *Gibt es in der Mensa mittags Pommes mit Hähnchen, dann ...*

Wandle folgende Konjunktionalsätze in konditionale Stirnsätze um.

1. Wenn du kein Fahrrad hast, kannst du an der Radtour nicht teilnehmen.

   ____

2. Wenn Nina zu Weihnachten einen Hund bekommt, freut sie sich sehr.

   ____

3. Immer wenn bei Niklas der Physikunterricht ausfällt, macht er Luftsprünge.

   ____

4. Wenn Sophia ihre Lieblings-CD hört, kann sie am besten entspannen.

   ____

ÜBUNG 32 ★★☆

Unterstreiche im folgenden Text alle finalen Konjunktionalsätze farbig und alle finalen Infinitivsätze schwarz.

Jahresrückblick unserer Klasse

Wir haben uns überlegt, zum Ende des Schuljahres einen Jahresrückblick als Wandzeitung zu veröffentlichen. Damit wir uns später noch an alles Wichtige erinnern, führt die Klassensprecherin ein Klassentagebuch. Um ihr die Aufgabe zu erleichtern, haben wir eine Box aufgestellt, damit dort kurze Berichte, Fotos oder auch Kommentare eingeworfen werden können. Einige von uns nutzen die Hausaufgabenstunde, um noch schnell einen Bericht vom letzten Ausflug zu schreiben.

ÜBUNG 33 ★★☆

Unterscheide bei den folgenden Satzreihen, was die Ursache und was die Wirkung ist. Bilde dann in deinem Übungsheft Satzgefüge, setze dabei die Ursache in den Hauptsatz und die Wirkung in einen konsekutiven Nebensatz. Achtung: Manchmal musst du die Reihenfolge der beiden Sätze vertauschen.

1. Man ernannte einen engen Vertrauten des Propheten zum Leiter von Staat und Gemeinde. Mohammed hatte vor seinem Tod keinen Nachfolger bestimmt.
2. Der Nachfolger Kalif Bekr wurde jedoch nicht von allen Stämmen anerkannt. Er musste mit einigen Stämmen Krieg führen.

3. Die ehemaligen Feinde wurden unterworfen. Der Kalif konnte das Reich nach Norden hin erweitern.
4. Die Araber lernten ganz neue Kulturen kennen und machten reiche Beute. Auch nach Palästina und Nordafrika rückten sie vor.

ÜBUNG 34 ★★☆

Formuliere aus den hervorgehobenen konzessiven adverbialen Bestimmungen Konzessivsätze.

1. **Trotz der zunehmenden Staus** fahren immer mehr Menschen Auto.

   ____

2. **Ungeachtet der Gefahren** fahren viele Radfahrerinnen und Radfahrer ohne Helm.

   ____

3. **Bei steigenden Benzinpreisen** fahren die Menschen trotzdem nicht weniger Auto.

   ____

4. **Trotz des Stoppschildes** halten die Autofahrer an der Kreuzung nicht an.

   ____

5. **Ungeachtet der Vorschriften** schnallen sich viele Menschen auf dem Rücksitz nicht an.

   ____

ÜBUNG 35 ★★☆

Unterstreiche in den folgenden Sätzen die temporalen Nebensätze und entscheide, ob es sich um einen gleichzeitigen, einen vorzeitigen oder einen nachzeitigen Temporalsatz handelt (↑ Tipp, S. 57).

1. Nachdem Pia die Gebrauchsanleitung gelesen hatte, wagte sie sich an den Zusammenbau ihres neuen Schreibtischstuhls.

   zuerst liest Pia die Gebrauchsanleitung → vorzeitig

2. Bevor sie beginnen konnte, benötigte sie noch einen Schraubendreher und einen Inbusschlüssel.

   ____

3. Als sie das Werkzeug gefunden hatte, ging sie in ihr Zimmer und schloss die Tür, um ungestört zu sein.

____

4. Während sie die Musik ihrer Lieblingsband hörte, konnte sie sich am besten konzentrieren.

____

5. Sie wollte mit dem Werk fertig sein, ehe sie ihr Zimmer wieder verließ.

____

6. Als sie gerade fertig geworden war, rief ihr Vater sie zum Abendbrot.

____

TIPP **Die Zeitenfolge im Temporalsatz**

Ein Temporalsatz ist ein Nebensatz, der einen Zeitpunkt oder eine Zeitdauer angibt. Dabei kann das im Nebensatz Genannte mit dem im Hauptsatz zeitlich zusammenfallen **(Gleichzeitigkeit)**, es kann ihm vorangehen **(Vorzeitigkeit)** oder ihm folgen **(Nachzeitigkeit)**.

- **Gleichzeitigkeit:** Noch während alle jubeln, pfeift der Schiedsrichter das Spiel ab.
- **Vorzeitigkeit:** Ich kam zu spät zur Schule, weil ich meinen Bus verpasst hatte.
- **Nachzeitigkeit:** Ich werde das Buch fertig gelesen haben, bevor die Ferien zu Ende sind.

ÜBUNG 36 ★★★

Adversativsätze sind nicht immer leicht zu erkennen, weil sie häufig von Konjunktionen eingeleitet werden, die auch eine andere Bedeutung haben können. ***Während*** **kann auch einen Temporalsatz einleiten,** ***wenn*** **kann auch zu Beginn eines Konditionalsatzes stehen. Welche Bedeutung die Konjunktion hat, hängt allein vom Inhalt des Nebensatzes ab.**
Entscheide bei den folgenden Satzgefügen, ob es sich um ein adversatives, ein temporales oder ein konditionales Verhältnis handelt.

1. Wenn das Licht im Zirkus ausgeht, steigt die Spannung. ____________
2. Ben ist ein sehr sportlicher Junge, während seine Schwester lieber Klavier spielt. ______
3. Wenn du nachmittags liest, habe ich die Gelegenheit fernzusehen. ____________
4. Wenn mein Bruder Essen kocht, esse ich lieber nur den Nachtisch. ____________

ÜBUNG 37 ★★★

Formuliere die folgenden Satzreihen zu Satzgefügen mit Modalsätzen um.

1. Die Tochter verkauft auf dem Markt die Schurwolle des letzten Frühjahrs. Damit erhält sie genug Geld, um einen Arzt für ihre kranke Mutter bezahlen zu können. ____________

2. Der Arzt kommt zu ihnen nach Hause. Gleichzeitig bringt er auch die entsprechenden Medikamente mit. ____________

3. Die Tochter verabreicht ihrer Mutter die Medizin. Dabei achtet sie nicht darauf, abgekochtes Wasser zu verwenden. ____________

4. Die Mutter nimmt die Medizin. Dadurch gewinnt sie neue Kräfte. ____________

ÜBUNG 38 ★★★

Wandle die hervorgehobenen Satzglieder in Nebensätze um. Bestimme die Nebensätze genauer.

1. **Zur Erholung und Entspannung** treiben viele Menschen Sport.
   Um sich zu erholen und zu entspannen, treiben viele Menschen Sport.
   (Infinitivsatz, Finalsatz)

2. **Durch diese sportliche Betätigung** tun sie auch etwas für ihre Gesundheit.
   ____

3. **Zum Erlangen großer Erfolge** trainieren sie mehrmals pro Woche.
   ____

4. **Wegen eines groben Foulspiels** bekam ein Spieler die rote Karte.

____

____

5. **Nach dem Ende des Spiels** denkt der Profi an die nächste Begegnung.

____

____

ÜBUNG 39 ★★★

Setze in den Text die fehlenden Konjunktionen ein.

weil · damit · wenn · obwohl · als · weil · sodass · damit

_______________ wir in den Herbstferien nicht wegfahren wollten, haben wir beschlossen(,) mehrere Tagesausflüge zu unternehmen. Eigentlich hätten wir die einzelnen Tage recht gut nutzen können, _______________ mein Bruder nicht jeden Morgen so lange geschlafen hätte. _______________ wir auf Bahnfahrten immer sehr viel Spaß haben, haben wir uns ein Familienticket gekauft. _______________ mein Vater vorher skeptisch war, ob wir mit der Bahn überall hinkämen, war er am Ende doch ganz begeistert. _______________ uns unsere Ausflüge nicht zu stressig wurden, haben wir nur jeden zweiten Tag etwas unternommen. _______________ wir auf einem unserer Ausflüge die Burg auf dem Drachenfels besichtigt haben, waren wir von der schönen Aussicht ganz begeistert. _______________ wir mittags nicht in irgendwelche Touristenrestaurants gehen mussten, hatten wir in unseren Rucksäcken immer ausreichend Proviant mit. Meine Mutter hatte sogar unser Fernglas eingepackt, _______________ wir die Gegend erkunden konnten.

TIPP **Verschiedene Arten von Nebensätzen**

Je nachdem, **auf welche Art** der Nebensatz mit dem übergeordneten Satz **verknüpft** ist, unterscheidet man Konjunktional-, Pronominal-, Infinitiv- und Partizipialsätze.

- **Konjunktionalsatz:** Ich glaube, **dass ich mein Ziel erreiche.**
- **Pronominalsatz**
  - Relativsatz: Das Geld, **das ich im Sommer verdient habe,** ist längst ausgegeben.
  - Interrogativsatz (indirekter Fragesatz): Ich wusste nicht, **was ich tun sollte.**
- **Infinitivsatz:** Die Mannschaft beschließt, **nicht vorschnell aufzugeben.**
- **Partizipialsatz:** **Auf eine Antwort hoffend(,)** wartete sie ungeduldig auf einen Anruf.

ÜBUNG 40 ★★★

Wandle die adverbialen Bestimmungen zuerst in einen Konjunktionalsatz um. Verwandle sie dann in deinem Übungsheft in eine Infinitiv- oder Partizipialgruppe.

adverbiale Bestimmung	Konjunktionalsatz	
1. mit viel Elan	indem sie viel Elan ______	aufbrachte
2. zu seiner Zufriedenheit	______	war
3. vor lauter Nervosität	______	war
4. durch seine Geschicklichkeit	______	bewies
5. zur Begeisterung der Zuschauer	______	waren

ÜBUNG 41 ★★☆

Verbinde die folgenden Sätze in deinem Übungsheft zu Satzgefügen mit Relativsatz.

1. Das Haus der Geschichte in Bonn ist ein Museum. Das Museum informiert über die Geschichte der Bundesrepublik Deutschland.
2. Am Eingang haben wir Kassettenrekorder zum Umhängen erhalten. Mit diesen Kassettenrekordern wurde man durch die einzelnen Jahrzehnte geführt.
3. Sehr interessant fanden wir eine Abteilung. In dieser Abteilung ging es um die Zeit kurz nach dem Zweiten Weltkrieg.
4. Es gab dort viele Monitore. Auf diesen Monitoren konnte man sich kurze Filme über die Zeit zwischen dem Kriegsende und der Gründung der Bundesrepublik Deutschland und der Deutschen Demokratischen Republik anschauen.

ÜBUNG 42 ★★★

Forme die Nebensätze um, indem du Infinitivgruppen verwendest (↑ S. 62). Achte auch auf die Kommasetzung (↑ S. 108 f.).

1. Du hast mir versprochen, dass du dich um diese Angelegenheit selbst kümmerst.

   ____

   ____

2. Er hatte sich doch vorgenommen, dass er einen Leserbrief schreibt, oder täusche ich mich?

   ____

   ____

3. Ich verspreche dir, dass ich diese Lügerei nicht mehr länger unterstütze.

   ____

   ____

4. Stefan glaubt, dass er seinen Freund enttäuscht hat.

   ____

   ____

5. Der Lehrer forderte seine Schüler auf, sie sollten in die Schule zurückgehen.

   ____

   ____

ÜBUNG 43 ★★★

Ergänze die vorgegebenen Satzanfänge auf der folgenden Seite jeweils durch einen Infinitivsatz. Die Stichworte des Wortspeichers sollen dir als Anregung dienen.

im Stau stehen · Mountainbike kaufen · Fahrrad benutzen · sich täglich bewegen · das teure Sportgerät abschließen · einige Kilo abnehmen · etwas für die Fitness tun · Kickboard fahren

1. Viele Stadtbewohner nehmen sich vor ____________________________

   ____.

2. Es ärgert sie ______________________________

______________________________.

3. Durch die zusätzliche Bewegung versuchen viele außerdem ______________________________

______________________________.

4. Besonders für Büroangestellte ist es wichtig ______________________________

______________________________.

5. In der Mittagspause beschließt auch Herr Klein ______________________________

______________________________.

6. Er ist wild entschlossen ______________________________

______________________________.

7. Sein Kollege rät ihm ______________________________

______________________________.

8. Er findet es nämlich unpraktisch ______________________________

______________________________.

TIPP **Infinitivgruppen**

Steht vor einem Infinitiv, d. h. der Grundform eines Verbs wie *hören, laufen*, das Wörtchen ***zu***, spricht man von einer Infinitivgruppe. Einfache Infinitivgruppen können durch weitere Wörter ergänzt werden (zur Kommasetzung bei Infinitivgruppen ↑ S. 108 und 109).

- Infinitivgruppe: Er dachte nicht daran, **zu gehen.**
- Infinitivgruppe mit weiteren zugehörigen Wörtern: Er dachte nicht daran, **heute bei diesem Regen in die Stadt zu gehen.**

Manche Nebensätze (↑ S. 52) kann man verkürzen, indem man den Infinitiv des Verbs mit *zu* verwendet:
Er vergaß, dass er noch telefonieren musste. → Er vergaß **zu telefonieren.**

Die Infinitivgruppe kann für verschiedene Gliedsätze stehen (↑ S. 49), sie ist also satzwertig:

- **Subjektsatz:** Es ist schön, **hier zu sein.** (Was ist schön?)
- **Objektsatz:** Sie ist stolz(,) **die Prüfung bestanden zu haben.** (Auf was/Worauf ist sie stolz?)
- **Adverbialsatz:** Wir beeilen uns, **um nicht zu spät zu kommen.** (Warum beeilen wir uns?)

ÜBUNG 44 ★★★

Satzwertige Fügungen mit einem Partizip als Kern bezeichnet man als Partizipialsätze oder satzwertige Partizipgruppen. Forme die hervorgehobene Partizipgruppe in einen Nebensatz mit Personalform um.

Beispiel: *Vom günstigen Preis angelockt(,)* betrat Herr Klein das Fahrradgeschäft.

→ Da ihn der günstige Preis anlockte, betrat Herr Klein das Fahrradgeschäft.

1. *Durch den Verkäufer überrumpelt(,)* kauft er ein zu teures Fahrrad.

____

____

2. *Aus dem Kaufrausch erwacht(,)* versucht Herr Klein seinen Kauf rückgängig zu machen.

____

____

3. Frau Klein, *kein Verständnis für den teuren Kauf habend,* schimpft mit ihrem Mann.

____

____

4. *Durch den Streit angespornt(,)* kehrt der Mann wütend in den Laden zurück.

____

____

TIPP Komplexe Sätze

- Nebensätze (NS) können innerhalb des Satzgefüges an **unterschiedlichen Stellen** stehen: sowohl vor als auch nach dem Hauptsatz (HS) oder in diesen eingeschoben.
  Nachdem er sich bereits zwei Stücke Kuchen einverleibt hatte (NS), aß er noch eine Tafel Schokolade (HS). Er aß noch eine Tafel Schokolade (HS), **nachdem er sich bereits zwei Stücke Kuchen einverleibt hatte** (NS). Er aß (HS Teil I), **nachdem er sich bereits zwei Stücke Kuchen einverleibt hatte** (NS), noch eine Tafel Schokolade (HS Teil II).
- Von einem Hauptsatz können **mehrere Nebensätze** abhängen.
  Das Buch (HS Teil I), **das ich mir ausgeliehen habe** (NS I), habe ich sofort gelesen (HS Teil II), **weil es so spannend war** (NS II).
- Von einem Nebensatz, der selbst von einem Hauptsatz abhängt, kann wiederum ein Nebensatz abhängen: Das Kino war bereits voll (HS), **sodass alle Leute** (NS 1. Grades, Teil I), **die noch draußen warteten** (NS 2. Grades), **keinen Platz mehr bekamen** (NS 1. Grades, Teil II).

ÜBUNG 45 ★★★

Bestimme den Hauptsatz sowie die Nebensätze des 1. und 2. Grades wie im Beispiel.

Beispiel: Der Zug hatte fast eine halbe Stunde Verspätung, sodass alle Leute,
HS NS 1, Teil I
die mit dem Zug zur Arbeit fahren, zu spät kamen.
NS 2 NS 1, Teil II

1. Heute Morgen, bevor ich zur Schule ging, öffnete ich das Fenster, das zur Straße zeigt.

2. Gestern Abend, als ich mein Abendbrot, das meine Mutter mir gerichtet hatte, aß,

   klingelte es an der Tür.

ÜBUNG 46 ★★☆

Erweitere die Hauptsätze des Witzes, indem du die vorgegebenen Nebensätze und Einschübe passend einfügst.

der Klassenclown · die Julia und Simone in der Pause zuvor noch gewischt hatten · während Martin bereits in aller Ruhe sein Pausenbrot auspackte · der ein rotes Jackett anhatte · obwohl er wusste, dass es den Lehrer ärgern würde · wie es die Art dieses Lehrers war

Der Deutschlehrer, ______________________, schrieb das Aufsatzthema an die Tafel, ______________________ ______________________, ______________________. Es lautete kurz und präzise, ______________________: „Unser Hund". Ebenso kurz und präzise behandelte Wolfgang, ______________________, das Thema, ______________________: „Unser Hund. Wir haben keinen."

1 Die Groß- und Kleinschreibung

1.1 Satzanfang, Überschriften, Titel

TIPP **Satzanfänge und Überschriften**

- Das **erste Wort eines Satzes** wird großgeschrieben:
  Heute komme ich nicht in die Schule.
- Auch das **erste Wort einer Überschrift oder eines Titels** schreibt man groß:
  Gestern erneutes Dopinggeständnis
  Hast du schon „Unter Geiern" gelesen?
- Außerdem werden alle Substantive in einem Text großgeschrieben. Wann und wie Wörter anderer Wortarten zu Substantiven werden (das sind dann Substantivierungen), wird ausführlicher auf den nächsten Seiten behandelt (↑ S. 67 ff.).

ÜBUNG 1 ★★★

Schreibe den Text mit der richtigen Groß- und Kleinschreibung ab. Benutze dazu dein Übungsheft.

GESTERN KAM DER ZIRKUS IN UNSERE STADT. SCHON AM VORTAG HATTEN DIE MÄNNER VOM ZIRKUS DIE PLAKATE AUFGEHÄNGT UND WAREN MIT LAUTSPRECHERN AUF DEM DACH DURCH DIE STADT GEFAHREN: „ACHTUNG, ACHTUNG! AB MORGEN GASTIERT DER ZIRKUS LUFTIKUS IN IHRER STADT. DIE VORSTELLUNGEN SIND JEDEN ABEND UM 20:00 UHR, DIE KINDERVORSTELLUNGEN TÄGLICH UM 16:00 UHR." AM NÄCHSTEN TAG BEGANN MAN SOFORT DAMIT, DAS RIESIGE ZELT AUFZUBAUEN. VIELE KINDER SCHAUTEN DER MANNSCHAFT NEUGIERIG BEI IHRER ARBEIT ZU. DAS AUFBAUEN DAUERTE NUR EINEN VORMITTAG, DANN GING ES ENDLICH LOS. ZUR ERSTEN VORSTELLUNG STRAHLTE DEN GÄSTEN VON DER ZIRKUSKUPPEL EIN TIEFES BLAU ENTGEGEN.

TIPP **Die Schreibung nach einem Doppelpunkt**

- Folgt nach einem Doppelpunkt ein vollständiger Satz, wird das erste Wort in der Regel großgeschrieben. Folgt kein selbstständiger Satz, sondern z. B. eine Aufzählung, schreibt man das erste Wort klein:
  Morgen ist Wandertag: Wir brauchen einen Rucksack, eine Trinkflasche und Stifte.
  Morgen braucht ihr: einen Rucksack, eine Trinkflasche und Stifte.
- Manchmal kann auch ein vollständiger Satz nach einem Doppelpunkt klein beginnen, nämlich wenn statt des Doppelpunktes auch ein Gedankenstrich oder ein Komma stehen könnte. In diesem Fall sind also Groß- und Kleinschreibung korrekt:
  Die Kleidung, der Computer, die Stereoanlage: Alles/alles war den Flammen zum Opfer gefallen.
- Das erste Wort einer direkten Rede nach dem Doppelpunkt wird immer großgeschrieben:
  Sie fragte mich: „Kann ich dir helfen?"
  Ich antwortete: „Ja, das wäre echt sehr nett."

ÜBUNG 2 ★☆☆

Entscheide, ob man groß- oder kleinschreiben muss, und umkringele die richtigen Wörter.

1. Ich fasse zusammen: insgesamt/Insgesamt haben wir ein erfolgreiches Jahr hinter uns.
2. Diagnose: eine/Eine verschleppte Grippe.
3. Schreibt bitte mit: drei/Drei Linienhefte, zwei Karohefte, ein Schnellhefter.
4. Das Sprichwort lautet: wer/Wer andern eine Grube gräbt, fällt selbst hinein.
5. Seine Argumente klingen insgesamt sehr vernünftig: ich/Ich denke, wir entscheiden in seinem Sinne.
6. Am Stadtrand und auf dem Umland: überall/Überall entstehen neue Einfamilienhäuser.
7. Familienstand: verheiratet/Verheiratet.
8. Es gibt nur eine Möglichkeit: schnellstens/Schnellstens anzurufen und sich zu entschuldigen.
9. Nach dem Umzug hat er alles aufgegeben: das/Das Fußballtraining, die Clique, das Schachspiel.

1.2 Die Substantivierungen

ÜBUNG 3 ★☆☆

Bestimme, welche Wortart hier wie ein Substantiv verwendet wird.

1. das Laufen Verb
2. etwas Tolles ______
3. der Badende ______
4. nichts Geschriebenes ______
5. alles Übrige ______
6. vier Einsen im Zeugnis ______
7. das Lesen ______
8. alles Gute ______
9. das Geschriebene ______
10. Es ist eine Sie. ______
11. das Für und Wider ______
12. das Lob der Vielen ______
13. etwas Derartiges ______

TIPP Was sind Substantivierungen?

- Substantive schreibt man groß. Auch Wörter anderer Wortarten können als Substantiv verwendet (substantiviert) werden (↑ S. 10); dann schreibt man sie ebenfalls groß.
  Vom **L**aufen bekomme ich immer großen Hunger.
  Es gibt nichts **B**esseres als einen regelmäßigen Waldlauf.
  In Deutsch habe ich eine **Z**wei!
  Er rannte, als ob es kein **M**orgen gäbe.
  Auf das **F**ür und **W**ider habe ich überhaupt nicht geachtet.
- In festen adverbialen Wendungen aus **Präposition und Adjektiv ohne Artikel** wird das Adjektiv **kleingeschrieben** (1). Handelt es sich in einem solchen Fall jedoch um ein **dekliniertes Adjektiv** (2), kann man es als Substantivierung auffassen und darf es auch großschreiben.
  (1) Sie reisten **von nah und fern** an.
  (2) Ich warte **seit Langem/seit langem** auf sie.

ÜBUNG 4 ★☆☆

Groß oder klein? Unterscheide zwischen dem Infinitiv des Verbs und einer Substantivierung. Ergänze jeweils den ersten Buchstaben.

1. Leider kam mein Vater gestern zu spät zum __ssen. Deshalb begannen wir schon vor ihm zu __ssen.
2. Vergeblich versuchten mein Bruder und ich zu __tricken. Zum __tricken haben wir wohl einfach kein Talent.
3. Das __esen fällt vielen Kindern zunächst schwer, doch Katrin begann schon in der ersten Klasse, ganze Bücher zu __esen.
4. Es ist Kindern verboten, auf der Baustelle zu __pielen. Zum __pielen ist es dort zu gefährlich.
5. Beim Konzert der „Sagenhaften Sechs“ hörten die weiblichen Fans nicht auf zu __chreien. Vom __chreien waren sie bald heiser.

ÜBUNG 5 ★★☆

Setze die passenden Adjektive und Verben in substantivierter Form in die Lücken.

wenden · einzig · ungewöhnlich · bremsen · glücklich · skaten · schön · üben

Seit Charlotte ihre neuen Inliner hat, zählt sie zu den ____________________ dieser Welt. Etwas ____________________, als über den Rollhockeyplatz zu fahren, kann sie sich nicht vorstellen, denn beim ____________________ vergisst sie allen Ärger und Streit und kann sich richtig austoben. Zwar fällt ihr das ____________________ noch etwas schwer, aber im ____________________ ist sie sehr sicher. Darum ist sie auch als ____________________ ihrer Klasse in die Rollhockeymannschaft der Schule aufgenommen worden. Jetzt ist es nichts ____________________, dass Charlotte gleich nach dem Essen ihre Hausaufgaben erledigt, denn dann kann sie schnell zum ____________________ auf das Rollhockeyfeld, noch bevor das eigentliche Training beginnt.

ÜBUNG 6 ★★☆

Forme die Sätze um: Setze für die hervorgehobenen Wendungen substantivierte Adjektive oder Verben ein und schreibe in dein Übungsheft.

1. Auf der Klassenfahrt haben wir manches erlebt, **was besonders aufregend war.**
2. Aber das, **was am besten war,** war die Nachtwanderung im Schnee.
3. Da gab es in unserer Klasse einige, **die sehr ängstlich waren.**
4. Sie glaubten, dass etwas passieren würde, **was besonders unheimlich ist.**
5. **Dass wir so ausdauernd** durch die kalte Winternacht **gewandert sind,** war anstrengend.
6. Umso mehr freuten wir uns **darauf, dass wir** am nächsten Morgen **ausschlafen konnten.**

TIPP ***angst, bange, gram, leid, pleite, schuld***

- Die Wörter *angst, bange, gram, leid, pleite, schuld* werden in der Verbindung mit den Verben *sein, bleiben* und *werden* kleingeschrieben.
- In Verbindungen mit anderen Verben schreibt man sie meist als Substantive groß.

Mir wird angst und bange.	–	Du machst mir Angst. Nur keine Bange.
Bist du mir noch gram?	–	Sie starb vor Gram über diesen Verlust.
Ich bin es leid.	–	Er hat ihr Leid zugefügt.
Ich bin pleite.	–	Die Firma macht Pleite.
Du bist schuld.	–	Sie trifft/hat keine Schuld.

ÜBUNG 7 ★★★

Mal groß, mal klein. Setze die vorangestellten Wörter in die Leerstellen.

1. Angst — Obwohl du mir ______________ machen willst, habe ich keine ______________.
2. beide — Hallo, ihr ______________.
3. Dank — Ich bin dir zu großem ______________ verpflichtet, denn ______________ deiner Aufmerksamkeit lebe ich noch.
4. paar — Heutzutage kostet ein ______________ Schuhe nicht nur ein ______________ Cent.
5. Recht — Du hast kein ______________ dazu, immer ______________ zu bekommen.

6. | Schuld | Du bist ____________________ daran, dass ich meine ____________________ am Unfall meiner Schwester nicht zugegeben habe.

7. | Bescheid | Werner, sag mal ____________________!

8. | dunkel | Da der Täter im ____________________ entkam, tappt die Polizei mit ihren Ermittlungen immer noch völlig im ____________________.

9. | wichtig, still | Am ____________________ ist es mir, ganz ruhig im ____________________ zu sitzen.

10. | rein | Birgit schreibt den Aufsatz ins ____________________.

TIPP ***recht/Recht* und *unrecht/Unrecht***

- **Groß** schreibt man das Substantiv *Recht* („was?").
  im Recht, mit Recht, sein Recht fordern
- **Klein** schreibt man das Adjektiv *recht* („wie?").
  das rechte Wort, recht so, das ist nicht recht
- **Klein- sowie großgeschrieben** werden können *recht/Recht* und *unrecht/Unrecht* in Verbindungen mit Verben wie *behalten, bekommen, geben, haben, tun,* also beispielsweise:
  Du hast recht/Recht. Wir behalten recht/Recht.
  Ich gebe dir recht/Recht. Die anderen haben doch recht/Recht bekommen.
  Sie tun uns unrecht/Unrecht.

ÜBUNG 8 ★★★

Kann man sich ein fehlendes Substantiv hinzudenken? Setze es, falls möglich, in die Klammer und entscheide dann, wie das Adjektiv geschrieben wird (↑ Tipp, S. 71 oben).

1. Die großen Fische fressen die _k_leinen (_Fische_).
2. Mir ist ein strenger Lehrer lieber als ein __utmütiger (____________).
3. Ich esse lieber ein weiches Ei als ein __artes (____________).
4. Ich bin der __este (____________).
5. Der klügste Schüler ist nicht immer auch der __este (____________).
6. Der __leißige (____________) wird mit Erfolg belohnt.

TIPP **Wann sind Adjektive substantiviert, wann nicht?**

- Adjektive können auch als Substantiv gebraucht werden (↑ S. 10): Der **S**chnellste gewinnt. Der **K**lügere gibt nach.
- Adjektive, die sich auf ein Substantiv beziehen, das **an einer anderen Stelle im Satz** steht, werden kleingeschrieben: Viele Kunden glauben, dass teure Uhren länger halten als **b**illige.

ÜBUNG 9 ★★☆

Schreibe in der richtigen Schreibweise.

1. Während des Turnfestes lieferten sich Felix und Markus ein ______________________________ (kopf an kopf rennen).
2. Das ständige ______________________________ (sowohl als auch) nervt mich.
3. Mein Onkel läuft täglich den ______________________________ (trimm dich pfad).
4. Im Urlaub genieße ich das ______________________________ (auf der faulen haut liegen) sehr.
5. Marcs ______________________________ (schau mir in die augen kleines masche) hat bei Louisa keinen Erfolg.
6. Meine Eltern wollten noch in den ______________________________ (duty free shop).
7. Zum ______________________________ (in den april schicken) fehlen mir meist die Ideen.
8. Hast du meinen ______________________________ (make up entferner) gesehen?

TIPP **Substantivische Mehrwortgruppen**

- Wenn mehrere Wörter aneinandergereiht werden, um ein Substantiv zu bilden, werden sie alle durch Bindestriche miteinander verbunden. Das erste Wort schreibt man groß, denn das Ganze ist ja nun ein Substantiv: Der Pro-Kopf-Verbrauch an Wasser steigt.
- Ein substantiviertes Verb am Ende wird großgeschrieben: Das ist ja zum Aus-der-Haut-Fahren.

1.3 Eigennamen, feste Begriffe und Titel

ÜBUNG 10 ★★☆

Wie schreibt man die Adjektive? Setze große oder kleine Buchstaben ein (↑ Tipp, S. 73).

1. das Kap der __uten Hoffnung
2. das __iener Schnitzel
3. der __heingauer Wein
4. die __ranzösische Revolution
5. Der __eilige Gregor verehrt den __eiligen Vater.
6. Der __rste Mai bleibt Feiertag.

TIPP Adjektive in mehrteiligen Eigennamen

Das Adjektiv in mehrteiligen Eigennamen wird generell großgeschrieben.
Dazu zählen neben Personennamen unter anderem:

■ Titel-, Ehren- und Amtsbezeichnungen:	der Regierende Bürgermeister, Heiliger Vater
■ geografische Namen:	Schwäbische Alb, Indischer Ozean
■ Namen von Sternen und Himmelskörpern:	Großer Wagen, Kleiner Bär
■ Namen von Institutionen und Organisationen:	Deutscher Bundestag, Vereinte Nationen
■ Klassifizierungen in Botanik und Zoologie:	das Fleißige Lieschen, die Schwarze Witwe
■ historische Ereignisse/Epochen:	der Zweite Weltkrieg, die Goldenen Zwanziger
■ besondere Kalendertage:	der Weiße Sonntag, der Heilige Abend

ÜBUNG 11 ★★☆

Schreibe die Sätze in der richtigen Schreibweise in dein Übungsheft.

gutes aus europa
der schweizer käse schmeckt mir am besten, obwohl der holländische gouda auch nicht zu verachten ist. Belgische pralinen mag ich gerne, doch auch die engländer können gute süßwaren herstellen. Das bier in düsseldorf, das düsseldorfer alt, ist ebenso bekannt wie der italienische wein. Doch auch die franzosen haben guten wein, vor allem aber sind die französischen croissants ein genuss zu jedem frühstück.

TIPP **Ableitungen auf *-isch***

- **Herkunftsbezeichnungen auf *-isch*** schreibt man meistens klein:
  französisches Baguette, englisches Bier
- **Herkunftsbezeichnungen auf *-er*** schreibt man groß:
  die Bremer Stadtmusikanten, der Hamburger Hafen
- **Von Personennamen abgeleitete Adjektive auf *-(i)sch*** werden kleingeschrieben, wenn sie nicht Teil eines Eigennamens sind:
  die Schriften Martin Luthers · die lutherische Bibelübersetzung
  der heilige Gregor · der gregorianische Kalender

Möchte man den Personennamen **hervorheben,** kann man ihn großschreiben und die Endung mit einem **Apostroph** abtrennen:

das Ohm'sche Gesetz	(oder: das ohmsche Gesetz)
die Darwin'sche Evolutionstheorie	(oder: die darwinsche Evolutionstheorie)

ÜBUNG 12 ★★☆

Welche der Möglichkeiten ist richtig? Unterstreiche sie.

1. Haben Sie schon mal von aristotelischer/Aristotelischer Logik gehört?
2. Das ist ja ein fast kafkaeskes/Kafkaeskes Verhalten.
3. Ich rede von der luther'schen/Luther'schen Bibelübersetzung.
4. An die luthersche/Luthersche Sprachgewalt kommt kaum eine andere Übersetzung der Bibel heran.
5. Das sind alles nur potemkinsche/Potemkinsche Dörfer.
6. Meine Kinder wollten die grimm'schen/Grimm'schen Märchen nicht lesen.
7. Das ist eine typische freudsche/Freudsche Fehlleistung.
8. Er behauptet allen Ernstes, die einsteinsche/Einsteinsche Relativitätstheorie verstanden zu haben.
9. Ich mag die schiller'schen/Schiller'schen Gedichte am liebsten.
10. Ich habe noch nie verstanden, was eigentlich mit dem archimedischen/Archimedischen Punkt gemeint ist.

1.4 Sprach- und Farbbezeichnungen

ÜBUNG 13 ★★★

Groß oder klein? Setze die fehlenden Buchstaben bei den Sprach- und Farbbezeichnungen richtig ein.

1. Wenn die Ampel __ot ist, musst du stehen bleiben, bei __rün kannst du gehen.
2. Wird das Gespräch auf __eutsch oder auf __nglisch geführt werden?
3. Ich rede gerne __nglisch, mir macht das nichts aus.
4. Ich habe unser Haus ganz in __lau gehalten: Die Wände sind __ellblau und die Böden __unkelblau.
5. Die Amtssprache ist __ranzösisch.

TIPP **Sprachbezeichnungen**

- Sprachbezeichnungen können Adjektive (Kleinschreibung) oder Substantive (Großschreibung) sein. Als Adjektive kann man sie meist mit *wie?* erfragen, als Substantive mit *was?*
  Für diesen Job braucht man **E**nglisch. *(was?)*
  Sie beginnt das Referat **e**nglisch, diskutiert aber dann **d**eutsch. *(wie?)*
- Manchmal geht beides:
  Hier musst du **e**nglisch *(wie?)*/**E**nglisch *(was?)* sprechen.
- Sprachbezeichnungen, die **mit einer Präposition** stehen, werden generell großgeschrieben.
  Dieses Buch ist **in** **F**ranzösisch geschrieben.
  Das Referat ist **auf** **E**nglisch zu halten.
  Mit **S**panisch kommt man in Südamerika weiter.

ÜBUNG 14 ★★★

Setze Groß- oder Kleinbuchstaben in die Leerstellen ein.

1. Die ___chwarze Ampel zeigt gerade ___rün.
2. Beeil dich, bei ___ot musst du anhalten.
3. Seine Ohren wurden ___ot wie eine Laterne.
4. Unter ___lauem Himmel sah man das erste ___rün in der Landschaft

5. Der ___ote Pullover passt gut zu deinen ___chwarzen Haaren.

6. Papas Auto ist in ___ilber lackiert.

7. Das Garagentor ist ___elb bemalt.

8. Der Maler hat zu viel ___ot aufgetragen.

9. Ich habe meine Jeans ___rün gefärbt.

10. Mein Fahrrad ist ___lau, denn meine Lieblingsfarbe ist ___lau.

11. Ich liebe allerdings auch ___chwarz.

12. Nur ___raune Farbtöne mag ich gar nicht.

TIPP Farbbezeichnungen

- Farbadjektive können auch als Substantive gebraucht werden. Dann kann man sie wie Sprachbezeichnungen nicht durch *wie?*, sondern durch *was?* erfragen.
  Ich habe meine Jeans **p**ink gefärbt. (wie?)
  Das **R**ot deiner Haare ist schön. (was?)
- Farbbezeichnungen, die **mit einer Präposition** stehen, werden generell großgeschrieben.
  Die Ampel steht **auf R**ot. **Bei G**rün darf man fahren.

1.5 Zeitangaben und Zahlwörter

ÜBUNG 15 ★★☆

Setze Groß- oder Kleinbuchstaben in die Leerstellen ein.

1. Ich bin ___eute ___orgen sehr müde.

2. Am ___onntag will mein Süßer mit mir segeln gehen.

3. Die ___eutige Mode ist meist von ___estern.

4. Katja hat sich bis ___eute noch nicht gemeldet.

5. Eines ___achmittags war sie verschwunden.

6. Kalli schreit immer ___bends und manchmal auch spät in der ___acht.

7. Entweder du kommst am ___ontagabend oder zur Not ___ittwochmorgens.

8. Am ___orgen esse ich wenig, zu ___ittag einen Salat, aber ___achts stopfe ich dann Süßigkeiten in mich rein.
9. Das ist die Hausaufgabe für ___orgen.
10. Ich bleibe ___onntagmorgens am liebsten im Bett, erst gegen ___ittag stehe ich dann auf.

TIPP Tageszeitenangaben

- Tageszeiten können **Substantive** sein, dann schreibt man sie **groß:**
  zu Mittag essen, gegen Abend kommen, vor Mitternacht einschlafen
  eines Tages, des Abends, eines Morgens
- Zeitangaben wie *vorgestern, gestern, heute, morgen* und *übermorgen* sind **Adverbien** und werden **kleingeschrieben:**
  Sie kamen bereits gestern.
- **Kleingeschrieben** werden auch die Zeitangaben, denen ein ***-s* angehängt** wurde (nicht zu verwechseln mit den oben genannten Tageszeiten als Substantive im Genitiv!):
  Wollen wir schon mittags ins Kino gehen?
- Tageszeiten-Substantive nach diesen Adverbien werden großgeschrieben:
  heute Mittag, gestern Morgen, morgen Abend

ÜBUNG 16 ★☆☆

Groß oder klein? Unterstreiche die richtige Schreibung.

H/heute M/morgen um A/acht fuhr ich zur Schule, wie jeden T/tag. Normalerweise habe ich am M/mittwoch immer schlechte Laune, weil wir M/mittwochs bis um Z/zwei Unterricht haben. Doch an diesem M/morgen nicht, da ich ständig an den G/gestrigen A/abend denken musste. G/gestern habe ich nämlich das entscheidende Fußballtor geschossen! Nun bin ich gespannt, wie ich N/nachher in der Schule begrüßt werde. Ich denke, meine Mitschüler werden jubeln und mich die N/nächsten W/wochen wie einen Star behandeln. Oder vielleicht sogar die N/nächsten M/monate? Der M/mittwoch wird mein Lieblingstag!

TIPP **Wie schreibt man Zahlen?**

- **Grundzahlen** werden normalerweise kleingeschrieben. Sie werden großgeschrieben, wenn sie als Substantiv gebraucht werden; dann haben sie oft einen Artikel bei sich:
  Ich habe **zwei** Hunde. Das Training ist gegen **acht** zu Ende.
  Die Sechs gewinnt. Ich habe **eine Zwei** in Deutsch.
- **Ordnungszahlen** werden kleingeschrieben, wenn sie ein Bezugswort bei sich haben. Sie werden großgeschrieben, wenn sie als Substantiv gebraucht werden:
  Er war der **erste** Läufer im Ziel. Sie kam als **Erste** ins Ziel.
  die Rechte **Dritter**, der **Nächste**

ÜBUNG 17 ★★★

Schreibe die Zahlen in den Klammern als Wörter.

1. Die (13) ____________ bringt oft Pech.
2. Ich kaufe $\left(\frac{1}{4}\right)$ ______ ____________ Pfund Schinken.
3. Lass uns zusammen noch $\left(\frac{1}{4}\right)$ ______ ____________ trinken.
4. Daniel hat schon wieder eine (2) ____________ geschrieben.
5. Das war jetzt schon das (3.) ____________ Mal.
6. Jan kommt schon wieder (10) ____________ Minuten zu spät.
7. In Deutsch haben nur (3) ____________ Schüler eine (2) ____________ im Zeugnis.
8. Wenn man (1 000 000) ____________ in Ziffern schreibt, hat sie (6) ____________ Nullen.
9. Viele (1 000) ____________ Zuschauer drängten ins Stadion.
10. Die Reparatur wird wieder (100e) ____________ von Euro kosten.
11. Mein Urlaub beginnt am (20.) ____________ des Monats.
12. Melanie wurde in ihrem (1.) ____________ Wettkampf gleich (3.) ____________ von (8) ____________ Läufern.
13. Ich komme um (11) ____________ Uhr.

1.6 Die Anredepronomen

ÜBUNG 18 ★★★

Setze die richtigen Anfangsbuchstaben für die Pronomen ein. Denke daran, dass nur das höfliche Anredepronomen großgeschrieben werden muss!

Sehr geehrte Damen und Herren,

__ir überlegen, ob __ir die nächste Klassenfahrt nach Trier machen. Als Klassensprecherin habe ich die Aufgabe übernommen, zu __hnen Kontakt aufzunehmen und mich über __hre Stadt zu informieren. Ich habe im Internet schon gesehen, dass __ie zahlreiche Aktivitäten für Jugendliche anbieten. Wir hätten aber auch gerne eine Stadtführung von einem Profi. Können __ie uns jemanden empfehlen? Außerdem suchen wir noch ein geeignetes Quartier in der Stadt Trier oder __hrer Umgebung. Sicherlich haben __ie eine Liste, die __ie uns schicken können. Allerdings sollte __ie nur Unterkünfte beinhalten, die nicht weiter als 10 Kilometer vom Stadtzentrum entfernt liegen.

Vielen Dank für __hre Mühe, Anna Blum

ÜBUNG 19 ★★★

Groß oder klein? Setze die fehlenden Pronomen ein.

Sehr geehrte Frau Meier,

wir beglückwünschen _______ zu __________Hauptgewinn der diesjährigen Tombola. Nun dürfen _______ für sich und __________ Familie Möbel in unserem Haus im Wert von 1 000 Euro aussuchen. Unsere Tombola stand in diesem Jahr unter dem Motto „Geben – nicht Geizen". __________ Tochter hat sich an unserer Verlosung beteiligt und auf __________Coupon _______als Empfängerin unseres Geschenkgutscheins eingetragen. Ich bitte ______, sich möglichst schnell mit uns in Verbindung zu setzen, damit _______ __________ Gewinn erhalten können. Und danken _______ __________ Tochter für __________ Einfall, den Coupon für _______ auszufüllen.

Mit freundlichen Grüßen, Walter Möbelbauer

2 Die Getrennt- und Zusammenschreibung

2.1 Zusammensetzungen und Wortgruppen

ÜBUNG 1 ★★☆

Setze richtig ein: *soweit* oder *so weit*?

1. ______________ die Füße tragen.
2. ______________ die Abmachung im Vertrag steht, muss sie eingehalten werden.
3. ______________ ich weiß, ist das Geschäft morgen geschlossen.
4. Wenn der Weg ______________ ist, fahre ich mit dem Fahrrad.

TIPP Konjunktionen und eigenständige Wörter

- Wortgruppen schreibt man grundsätzlich getrennt (da sein, baden gehen, Auto fahren), Zusammensetzungen jedoch zusammen (Fahrradklingel, hellgrün, zusammenschreiben).
- **Konjunktionen** werden **zusammengeschrieben**, auch wenn es gleichlautende Wortgruppen mit eigener Bedeutung gibt: sobald – sofern – soviel – soweit – nachdem – seitdem – indem

Konjunktion: **Sobald** ich Zeit habe, erledige ich das.
Eigenständige Wörter: Das solltest du **so bald** wie möglich erledigen.

ÜBUNG 2 ★★☆

Setze richtig ein. Alles aus dem Wortspeicher kann mehrfach verwendet werden.

nach dem · nachdem · seit dem · seitdem · in dem · indem

______________ wir einen neuen Trainer haben, gewinnen wir wieder, denn wir vergnügen uns ______________ eigentlichen Training noch ______________ Kraftraum. Wir verbessern dabei unsere Form, ______________ wir Gewichte stemmen. ____________________ das Training beendet ist, gehen wir nach Hause. Allerdings fühlte sich Niklas ____________________ letzten Training nicht mehr fit. Er ging sogar ____________________ Essen sofort schlafen und war ____________________ letzten Trainingstag nicht mehr in der Schule. Er blieb daheim, ____________________ Haus, das seinen Eltern gehört. ____________________ er ein paar Tage im Bett geblieben war, ging es ihm wieder besser. Die Eltern sind der Meinung, ____________________ wir so hart trainieren, sei Niklas immer wieder krank. Ich allerdings denke, ____________________ wir Sport treiben, bleiben wir gesund.

2.2 Die Verbindungen mit Verben

ÜBUNG 3 ★★★

Lies laut und betone die hervorgehobenen Buchstaben. Ordne die Verben unten ein.

Dieses Sauwetter konnte niemand vorh**e**rsagen.
Wenn du keine Zeit hast, kannst du es mir v**o**rher s**a**gen.
Wir können das Klavier nur zus**a**mmen tr**a**gen.
Für unseren Deutschlehrer müssen wir viele Zeitungsausschnitte zus**a**mmentragen.
Der Sheriff will sein Pferd f**e**stbinden.
Dazu muss er die Schleife f**e**st b**i**nden.
Der Richter muss die Angeklagte fr**ei**sprechen.
Beim Vortrag eines Referats solltest du fr**ei** spr**e**chen.
Ich lasse mir die Zinsen g**u**tschreiben.
Harald kann für sein Alter relativ g**u**t schr**ei**ben.

Zusammenschreibung	**Getrenntschreibung**
eine Betonung, keine Sprechpause	zwei Betonungen, Sprechpause
____________________	____________________
____________________	____________________
____________________	____________________
____________________	____________________
____________________	

TIPP **Substantiv + Verb**

- Verbindungen von Substantiv + Verb schreibt man **getrennt,** wenn das Substantiv als eigenständig angesehen wird:
  Auto fahren, Klavier spielen, Schlange stehen, Schlittschuh laufen
- Verbindungen von Substantiv + Verb schreibt man **zusammen,** wenn das Substantiv verblasst, d. h. als solches hier kaum mehr erkennbar ist:
  heimfahren (sie fährt heim), irreführen (er führt irre), kopfstehen (wir stehen kopf), teilnehmen (ich nehme teil)

ÜBUNG 4 ★★☆

Setze die Wörter in der richtigen Schreibweise passend ein.

heim + bringen · heim + kommen · irre + führen · stand + halten ·
statt + geben · teil + haben · wett + machen

1. Ich darf ______________________, wann ich will.
2. Ich kann es nicht leiden, wenn du mich ______________________ willst.
3. Wie willst du das nur wieder ______________________?
4. Und ich sage dir, ich werde dem ______________________.
5. Der Richter wird dem Einspruch ______________________.
6. Lässt du mich bitte auch ______________________?
7. Ich hoffe, du wirst nicht wieder eine streunende Katze ______________________!

ÜBUNG 5 ★★☆

Bilde aus jeweils einem Substantiv und einem Verb eine Wortverbindung und schreibe sie richtig (getrennt oder zusammen?) in deinem Übungsheft auf. Bilde anschließend je zwei Sätze damit und schreibe diese auch auf.

Rad · Teil · Angst · Schlittschuh · Wette · Heim

finden · laufen · fahren · haben · nehmen · machen

TIPP Adjektiv + Verb

- Verbindungen von Adjektiv + Verb schreibt man zusammen, wenn durch die Verbindung eine neue Gesamtbedeutung entsteht:
  krankschreiben, kürzertreten, heiligsprechen
- Ist dies nicht der Fall, schreibt man getrennt:
  schnell sprechen, laut lachen
- Wenn man nicht genau entscheiden kann, ob eine neue Gesamtbedeutung vorliegt, kann man getrennt oder zusammenschreiben:
  (etwas) gering achten oder geringachten, (sich über etwas) klar werden oder klarwerden
- Bezeichnet das Adjektiv das **Resultat des Vorgangs**, kann ebenfalls getrennt oder zusammengeschrieben werden:
  klein schneiden oder kleinschneiden, kaputt machen oder kaputtmachen

ÜBUNG 6 ★★★

Manche Wortverbindungen haben je nach Schreibweise unterschiedliche Bedeutungen. Finde jeweils einen Beispielsatz, in dem man die Wortgruppe getrennt schreibt, sowie einen, in dem man sie als Wortzusammensetzung zusammenschreibt.

1. sicher/gehen: Meine kleine Nichte kann seit wenigen Wochen sicher gehen.
   In dieser Sache will ich sichergehen.
2. wieder/holen: ____________________
   ____
3. gut/schreiben: ____________________
   ____
4. frei/halten: ____________________
   ____
5. frei/machen: ____________________
   ____
6. zusammen/fahren: ____________________
   ____
7. klein/schreiben: ____________________
   ____

2.3 Die Verbindungen mit Adjektiven oder Partizipien

ÜBUNG 7 ★★★

Entscheide, ob die Wortverbindung aus Substantiv und Partizip getrennt oder zusammengeschrieben werden muss.

1. Der Junge nahm ______________ (Freude + strahlend) die unglaubliche Menge an Weihnachtsgeschenken entgegen.
2. Die ______________ (Geheimnis + umwittert) Schlösser und Seen in den schottischen Highlands ziehen viele Touristen an.
3. Der ______________ (Aufsicht + führend) Lehrer wurde auf der Rückreise vergessen.
4. Die ______________ (Mond + beschienen) Landschaft gefiel ihm besser, als dies bei Tageslicht der Fall war.
5. Schon das kleinste Geräusch ließ ihn ______________ (Angst + erfüllt) umherblicken.
6. Eine ______________ (Furcht + einflößend) Gestalt trat aus dem Dunkel.

TIPP Substantiv + Partizip

- Eine Verbindung aus Substantiv + Partizip oder Adjektiv schreibt man **zusammen,** wenn sie anstelle einer Wortgruppe steht und dabei ein Artikel oder eine Präposition eingespart wird oder wenn das Substantiv in dieser Form nicht selbstständig vorkommt:
  freudestrahlend = vor Freude strahlend, staubtrocken = trocken wie Staub
  friedliebend, nutzbringend („nutz" oder „fried" gibt es nicht)
- Ebenfalls **zusammen** schreibt man Substantiv + Partizip, wenn die zugrunde liegende Verbindung aus Substantiv + Verb zusammengeschrieben wird:
  teilnehmend, heimgefahren, irreführend, wettgemacht

Achtung: Wird die zugrunde liegende Verbindung aus Substantiv und Verb getrennt geschrieben, darf man **sowohl getrennt als auch zusammenschreiben:**
Eisen verarbeitend oder eisenverarbeitend, Erholung suchend oder erholungsuchend, Not leidend oder notleidend

ÜBUNG 8 ★★☆

Setze die Adjektive passend zusammen, indem du die Wortteile verbindest. Schreibe sie dann richtig auf.

klein · urlaubs · freude · finger · dunkel · herzens · lichter · feucht

reif · loh · fröhlich · braun · gut · strahlend · mütig · breit

____

____

____

2.4 Die Verbindungen aus Präposition + Substantiv

ÜBUNG 9 ★☆☆

Bilde mit den vorgegebenen Wortteilen und den Präpositionen *an, auf, mit, zu* oder *in* neue Wörter und schreibe sie in dein Übungsheft. Unterstreiche diejenigen, die man auch getrennt schreiben kann.

-hand · -frage · -tage · -stelle · -grund · -teil · -wege · -hilfe · -hauf · -mitten · -leide · -seiten · -gunsten

TIPP **Präposition + Substantiv**

- Eine Verbindung aus Präposition + Substantiv schreibt man **zusammen,** wenn das Substantiv **verblasst** und die Verbindung zu einer **neuen Präposition oder einem Adverb** geworden ist: anhand, infolge, inmitten, zufolge
- Viele häufig gebrauchte Verbindungen aus Präposition und Substantiv kann man **zusammen- oder getrennt** schreiben: anstelle/an Stelle, aufgrund/auf Grund, infrage/in Frage (stellen), mithilfe/mit Hilfe, zugunsten/zu Gunsten, zulasten/zu Lasten, zuleide/zu Leide (tun)

ÜBUNG 10 ★★★

Entscheide, ob die in der Klammer stehenden Wörter (Präposition + Substantiv) zusammen- oder getrennt geschrieben werden. Falls du unsicher bist, kannst du im „Duden – Die deutsche Rechtschreibung" nachsehen.

1. ______________________ (an/Fasching) sollte man wenigstens eine Pappnase tragen, ______________________ (an/Statt) Trübsal zu blasen.
2. Dem Schriftsteller ______________________ (zu/Folge) grenzte die Aussage seines Kritikers ______________________ (an/Schwachsinn).
3. Sie geht ______________________ (in/Folge) ihrer guten Leistungen aufs Gymnasium.
4. ______________________ (im/Grund) hatte sie recht, aber ihm ______________________ (zu/Liebe) gab sie nach.
5. ______________________ (zur/Zeit) komme ich einfach nicht ______________________ (zur/Ruhe).

2.5 Die Schreibung mit Bindestrich

ÜBUNG 11 ★★★

Mit oder ohne Bindestrich? Setze ihn, falls nötig.

1. Mein Lehrer gehört zur Generation der 68_er.
2. 0,02 Liter sind ein 50_stel Liter.
3. Das ist 100%_ig richtig.
4. Da vorne kommt eine S_Kurve.
5. Hier kostet es das 25_Fache/25_fache.
6. Dies ist ein klarer 6:3_Sieg.
7. Handelt es sich hier um ein 5_Eck oder ein 6_Eck?
8. Mein neuer Computer hat einen DVD_Brenner.

TIPP **Wann steht ein Bindestrich?**

In folgenden Fällen muss man einen Bindestrich setzen:

- bei Zusammensetzungen mit **Ziffern**
  1-zeilig, 18-jährig, 21-Jährige, 2:1-Sieg, 4-monatlich, 5-Eck, 3-mal
- bei Zusammensetzungen mit **Einzelbuchstaben**
  A-Dur, i-Punkt, S-Kurve, T-Shirt, x-beliebig, Dativ-e
- bei Zusammensetzungen mit **Abkürzungen und Kurzwörtern**
  Dipl.-Ing., D-Zug, Musik-CD, Kfz-Papiere, Lkw-Fahrer, Fußball-WM
- Bei **mehrgliedrigen Zusammensetzungen** mit Einzelbuchstaben, Ziffern oder Abkürzungen und **zusammengesetzten Wortgruppen** stehen zwischen allen Bestandteilen Bindestriche.
  A-Dur-Tonleiter, S-Bahn-Wagen, 1 000-Jahr-Feier, 10-Euro-Schein, Vitamin-B-haltig, die Sturm-und-Drang-Jahre

Wird eine Ziffer oder eine Abkürzung mit einem **Suffix** (Nachsilbe) verbunden, dann steht **kein Bindestrich:**
die 80er, ein 20stel, CDUler,
Bei „-fach" sind beide Schreibungen möglich: 20-fach / 20fach

ÜBUNG 12 ★★★

Man kann mit einem Bindestrich auch Bedeutungsunterschiede zeigen. Setze den Bindestrich an zwei unterschiedliche Stellen und erkläre jeweils die Bedeutung der Wörter.

1. Stadtteilreinigung:

   a) Stadt-Teilreinigung: Teilreinigung (nicht die ganze Reinigung) der Stadt

   b) Stadtteil-Reinigung: Reinigung eines Stadtteils

2. Musikerleben:

   a) ____________________

   b) ____________________

3. Druckerzeugnis:

   a) ____________________

   b) ____________________

4. Altbauerhaltung

   a) ____________________

   b) ____________________

3 Die Dehnung und die Schärfung

3.1 Die Dehnung

ÜBUNG 1 ★★★

Ordne die folgenden Wörter nach ihrer Schreibweise in die vier Kategorien ein.

Schmied · Igel · Mine · Kiefer · Vieh · ihn · Papier · Giebel · ihr · Benzin · wir · Termin · Fliege · sieh · dir · Sieb · Bibel · Klima · nie · lieh · Spiegel · Augenlid · Lied · schwierig

i	ie	ih	ieh

TIPP Wie wird ein Vokal gedehnt?

Für die Kennzeichnung von lang gesprochenen Vokalen gibt es verschiedene Möglichkeiten:

mit einem **Dehnungs-h** (auf den Vokal folgt der Buchstabe *h*)	lehren, Ruhm, Sohn, Höhle, zahm
mit den **Doppelvokalen** *aa, ee, oo*	Seele, Moos, Saal
mit einem **Dehnungs-e** (einem langen *i* folgt häufig ein Dehnungs-e)	Stiefel, ich blieb, Genie, Lotterie
in seltenen Fällen, in geografischen Namen, mit einem Dehnungs-e nach einem *o*	Soest, Itzehoe

Oft steht ein langer Vokal auch **ohne Dehnungszeichen.** Meist steht kein Dehnungszeichen:

- bei Wörtern mit *t* im Anlaut: Tal, Tiger, Tür, tun, Tugend
- bei Wörtern mit *sch* und *qu* im Anlaut: Schwan, schwer, Schule, Schal; Qual, quer
- bei Vor- und Nachsilben: ur-, -bar, -sal, -sam, -tum
- bei Diphthongen (*ai, ei, au, eu, äu*): Hai, Kreide, Laub, Scheune, Mäuse

ÜBUNG 2 ★☆☆

In dem Buchstabenrätsel sind sehr viele Wörter mit einer Dehnung versteckt. Die Wörter bestehen aus mindestens drei Buchstaben. Man kann sie von links nach rechts, von rechts nach links, von oben nach unten, von unten nach oben und diagonal lesen. Finde mindestens 30 und trage sie in die nachfolgende Tabelle ein.

K	Ü	H	N	E	M	O	H	N	J	K
D	O	O	F	M	A	H	L	E	N	J
L	E	E	R	B	L	A	I	W	T	T
E	H	R	E	R	E	T	D	A	L	S
K	A	A	L	E	N	E	M	H	E	N
Z	A	H	N	I	L	W	A	L	H	Ä
N	R	M	E	T	A	F	X	T	R	M
M	B	E	I	S	P	I	E	L	E	L
Ü	G	O	U	M	I	E	I	C	N	I
H	F	R	O	H	T	E	E	R	F	C
S	A	A	L	T	B	U	G	K	G	H
A	T	W	F	E	E	P	A	F	G	M
L	I	E	D	O	E	K	S	O	H	N
B	U	R	A	L	T	B	O	T	E	L

Vokalverdoppelung	Dehnungs-h	Dehnungs-e nach *i*	kein Dehnungszeichen
leer	Mohn	Lied	Bug

ÜBUNG 3 ★★★

Schreibe fünf Wörter aus der in Übung 2 erstellten Tabelle heraus, die gleich (oder ähnlich) klingen, die aber unterschiedliche Bedeutungen haben und auch unterschiedlich geschrieben werden. Man nennt sie Homofone. Erkläre die jeweilige Bedeutung des Wortes.

der Wal (ein Tier) ↔ die Wahl (das Aussuchen)

______ ↔ ______

______ ↔ ______

______ ↔ ______

______ ↔ ______

______ ↔ ______

TIPP **Was sind Homofone?**

Homofone sind **gleichlautende Wörter oder Laute,** die aber eine ganz andere Bedeutung haben. Es gibt auch einige Fälle gleichlautender Wörter mit Dehnung, die unterschiedlich geschrieben werden. Bei ihnen lässt sich keine einfache Regel anwenden; man muss sie schlicht lernen (↑ auch S. 94 ff.). Hier ein paar Beispiele:

(Augen-)Lid	↔	(Volks-)Lied	Mal	↔	Mahl
Wagen	↔	Waagen	Geier	↔	Reiher
wider	↔	wieder	Hoheit	↔	Rohheit
Bote	↔	Boote	Seligkeit	↔	Seele

ÜBUNG 4 ★★★

Ergänze die folgenden Begriffe mit weiteren Homofonen.

Besenstiel ↔ Schreibstil

zwei Ruder______ ↔ Post______

Armband______ ↔ ______großvater

zwei Wasser______ ↔ Last______

Mutter______ ↔ ______zeit

______ling ↔ ______lauf

3.2 Die Schärfung

TIPP Wodurch sind kurze Vokale gekennzeichnet?

1. **Verdoppelung des nachfolgenden Konsonanten** (dazu zählen auch *ck* und *tz*):
   Ebbe, Bett, hoffen, klirren, Ball, kommen, backen, Mücke, Katze, Pfütze
2. **Konsonantenhäufung,** d. h., auf einen kurzen Vokal folgen zwei oder mehrere verschiedene Konsonanten:
   Schrank, Stift, Lampe, Klingel, Bild, Hälfte

ÜBUNG 5 ★☆☆

Ordne die Wörter nach langem und kurzem Vokal und schreibe sie in dein Übungsheft.

Schaukel · Socke · quaken · Dackel · Rock · Spuk · Laken · Mücke · Haken · Nacken · Ecke · blöken · Glück · Luke · Hacke · einpökeln · meckern · Bock · Decke · Makel · hocken · quieken · Locke

ÜBUNG 6 ★★☆

Wie viele Konsonanten fehlen? Setze die richtigen ein.

b: E____e	**b:** E____ene	**r:** Ba____en	**r:** ba____
l: ge____ten	**l:** Gü____e	**r:** Dü____e	**r:** Du____st
k: La____	**k:** La____en	**z:** Schmu____	**z:** Ran____en
t: Wildbre____	**t:** Holzbre____	**m:** Schla____	**m:** A____t

TIPP Was passiert, wenn drei gleiche Buchstaben aufeinandertreffen?

- Treffen bei einer Wortzusammensetzung drei gleiche Vokale oder Konsonanten aufeinander, **werden alle drei geschrieben.** Wenn das Wort deshalb schlecht lesbar wird, kann bei Substantiven ein Bindestrich gesetzt werden:
  Passstelle, Seeelefant oder Pass-Stelle, See-Elefant
- Bei Zusammensetzungen mit einem Adjektiv oder Partizip als zweitem Bestandteil ist die Bindestrichschreibung **nicht empfehlenswert:** seeerfahren, hellila

ÜBUNG 7 ★★★

Setze die Wörter so zusammen, dass drei gleiche Konsonanten aufeinandertreffen.

1. triefend + Fett = ______________________________
2. Folie + Kunststoff = ______________________________
3. Lagerung + Müll = ______________________________
4. fest + griff = ______________________________
5. Ernte + Tee = ______________________________

3.3 Der s-Laut: *s, ss* und *ß*

ÜBUNG 8 ★★★

Achte genau auf den Unterschied und setze den richtigen *s*-Laut ein.

1. Jana genie___t den Urlaub.

   Weil sie krank ist, hat sie genie___t.
2. Jana rei___t aus dem Urlaub ab.

   Dabei rei___t sie einen Knopf ab.
3. Davor kü___te Jana ihre Mutter.

   Dies tat sie an der Kü___te des Meeres.
4. Dann la___ Jana ein Buch.

   Mutter sagte: „La___ das!“
5. Jana ha___t den Bi___ der Schlange.

   Bi___ heute hat sie keine Ha___t.
6. Jana fa___t die Blume an.

   Es wird ihm fa___t zu viel.
7. Er muss Jana noch den Weg wei___en.

   Er schickt sie zum wei___en Strand.

ÜBUNG 9 ★☆☆

Ordne folgende Wörter in die Tabelle ein.

anfa___en · Erb___e · Fa___ · Flei___ · Flü___e · fre___en · Fü___e · genie___en · Ha___e · la___en · le___en · Mi___brauch · Pä___e · Rei___e · Ro___ · Ro___e · Schu___ · Sü___igkeit · wi___en

s	ss		ß
___	___	___	___
___	___	___	___
___	___	___	___
___	___	___	___
___	___	___	___

ÜBUNG 10 ★☆☆

Finde zu den folgenden Substantiven mit Doppel-*s* das passende Verb mit *ß*.

Fluss ______________ Genuss ______________

Schuss ______________ Schloss ______________

Riss ______________ Guss ______________

ÜBUNG 11 ★★☆

Setze *s, ss* oder *ß* ein.

Da___ war ein Spa___! Ha___t du ge___ehen, wie ___ie geschrien hat, al___ ich ihr den Schub___ gegeben habe? „La___ da___!" Aber da___ i___t mir egal – man mu___ mit gleichem Ma___ me___en. Ich kann mich noch genau erinnern, da___ ___ie mir neulich auch einen Sto___ mit dem Fu___ gegeben hat. Al___o i___t da___ nur au___gleichende Gerechtigkeit. Aber du ha___t recht: Jetzt i___t Schlu___ damit. Man mu___ ja auch verzeihen können.

ÜBUNG 12 ★★★

Ergänze die Sprichwörter und Redensarten durch ein Wort mit *ß*.

Ohne ____________________ kein Preis.

Was ich nicht ____________________, macht mich nicht ____________________.

Das hat Hand und ____________________.

Da liegst du sicher wie in Abrahams ____________________.

Mach ____________________ keinen ____________________!

Das ist doch klar wie ____________________.

ÜBUNG 13 ★★★

Setze den richtigen *s*-Laut ein und bilde die Pluralformen.

Singular	Plural	Singular	Plural
Flo___	____________	Flu___	____________
Ergebni___	____________	Bi___	____________
Kürbi___	____________	Bu___	____________
Gru___	____________	Klo___	____________

ÜBUNG 14 ★★★

Bei manchen Verben wechseln die Vokale und deren Länge in den verschiedenen Zeitformen, sodass auch der *s*-Laut unterschiedlich geschrieben wird. Bilde zu den folgenden Verben die Verbformen und suche verwandte Wörter.

Verb	3. Pers. Sg. Präs.	1. Pers. Sg. Prät.	Part. Perf.	verw. Substantiv	verw. Adjektiv
lassen	____________	____________	____________	____________	____________
fließen	____________	____________	____________	____________	____________
wissen	____________	____________	____________	____________	____________
essen	____________	____________	____________	____________	____________
beißen	____________	____________	____________	____________	____________

4 Gleich und ähnlich klingende Wörter und Laute

4.1 *das* und *dass*

ÜBUNG 1 ★☆☆

Setze die fehlenden Wörter ein.

Ich lese gerade __________ Buch mit dem roten Umschlag. __________ Abenteuer, das __________ Mädchen darin bestehen muss, ist ganz besonders spannend. Zuerst muss sie __________ verletzte Einhorn suchen, __________ vor dem wilden Stier geflohen ist. Aber __________ ist noch nicht alles. Denn dann muss sie auch noch __________ Geheimnis, __________ den schwarzen Ritter umgibt, lösen. Ich bin sicher, dass ihr __________ gelingen wird.

ÜBUNG 2 ★★☆

***dass* oder *das*? Setze das richtige Wort ein.**

Das Theaterstück, ________ die Schülerinnen und Schüler der Klassen 7 bis 10 gestern in der Aula der Sophie-Scholl-Schule aufführten und ________ zunächst auch ganz spannend war, wurde für die Zuschauer am Ende völlig langweilig, weil die jüngeren Darsteller ________ Stück offensichtlich nicht gut kannten und viele Fehler machten. Man sah ihnen oft an, ________ sie sehr unsicher waren. Sicherlich hofften sie oft, ________ der Vorhang bald wieder zugezogen würde. Außerdem goss der Kellner der Hauptdarstellerin ________ Wasser, ________ sie bestellt hatte, über das Kleid. ________ ________ erst kurz vor dem Ende des Stückes passierte, tröstete die Darstellerin auch nicht. ________ Publikum applaudierte hinterher eher aus Höflichkeit als vor Begeisterung.

TIPP **Wann schreibt man *das* und wann *dass*?**

Die Schreibung von *das* oder *dass* ist an die **grammatische Bedeutung** gebunden.

- *das* ist:
  - ein **Artikel** bei einem Substantiv (es kann auch *dieses* oder *jenes* stehen):
    Das Bürogebäude ist groß. (Dieses Bürogebäude ist groß.)
  - ein **Relativpronomen** (es leitet einen Nebensatz ein, man kann es durch *welches* ersetzen):
    Das Buch, **das** ich ausgeliehen habe, möchte ich erst selbst lesen.
    (Das Buch, welches …)
  - ein **Demonstrativpronomen** am Anfang eines Satzes:
    Das gefällt mir! – **Das** will ich nicht.
- *dass* ist eine unterordnende **Konjunktion** und leitet einen Nebensatz ein. Es gibt keine Ersatzform:
  Er sagt, **dass** er gerne zur Arbeit geht. **Dass** ich faul bin, stimmt nicht.

ÜBUNG 3 ★★★

Konjunktion oder Relativpronomen? Bilde in deinem Übungsheft Satzgefüge, indem du jeweils einen Satz aus beiden Blöcken sinnvoll miteinander kombinierst. Das Zeichen (…) bedeutet, dass hier ein Satz eingeschoben werden muss. Setze in die Leerstellen die richtige Form von *das/dass* ein. Beachte außerdem die Kommasetzung!

1. Ich musste über den Witz so heftig lachen,
2. Es ist mir völlig neu,
3. Die Wüstentour wird ein Abenteuer werden,
4. Ich habe das Buch, (…), noch nicht gelesen.
5. Ich gebe dir dein Taschengeld,
6. ______ du mich so lächerlich gemacht hast,
7. Das Essen, (…), ist mein Leibgericht.
8. Womit habe ich es verdient,
9. Durch die „Duden-Schülerhilfen“ weiß ich,
10. Ich möchte ein Tier haben,

A. auf ______ ich mich schon seit Jahren freue.
B. ______ ich gekocht habe
C. ______ ich vom Hocker gefallen bin.
D. ______ genauso verspielt ist wie ich.
E. ______ ihr umgezogen seid.
F. ______ ich immer die blödesten Lehrer kriege?
G. ______ du aber nicht gleich wieder ausgeben sollst.
H. ______ Übung den Meister macht.
I. ______ auf meinem Nachttisch liegt
J. ______ werde ich dir nie vergessen.

ÜBUNG 4 ★★★

Setze das richtige Wort – *das/dass* – in die Leerstellen ein und schreibe die Ersatzformen in die Klammern: *ein* (bei Artikel), *dieses* (bei Demonstrativpronomen) oder *welches* (bei Relativpronomen).
Vorsicht: Manchmal gibt es keine Ersatzform! Kennst du die Regel? Schreibe sie in deinem Übungsheft auf.

1. Ich möchte ____________ (____________) Gespräch jetzt nicht unterbrechen.
2. Es ist schön, ____________ (____________) du noch kommen konntest.
3. ____________ (____________) Sportfest ist eine Abwechslung im Schulalltag.
4. ____________ (____________) ist nun schon ____________ (____________) dritte Mal, ____________ (____________) ich dir ____________ (____________) gesagt habe.
5. Gib mein Heft, ____________ (____________) ich dir gegeben habe, zurück.
6. ____________ (____________) du daran gedacht hast, ____________ (____________) freut mich außerordentlich.
7. ____________ (____________) Kind, ____________ (____________) spielen kann, ist so glücklich, ____________ (____________) es lächelt.
8. ____________ (____________) du mir nicht wieder zu spät nach Hause kommst!
9. Ich will nicht, ____________ (____________) du morgen müde bist.
10. Reiten ist von allen Dingen genau ____________ (____________), ____________ (____________) ich am liebsten mache.
11. Es ist schön, ____________ (____________) dir ____________ (____________) Üben der „das"-/„dass"-Regeln immer weniger Mühe bereitet.
12. ____________ (____________) eine Mal wirst du mir doch helfen können!
13. Ist ____________ (____________) wahr, ____________ (____________) ihr mich lobt?
14. Es ist vor allem ____________ (____________) Basteln, ____________ (____________) mir Spaß macht.
15. Das Mädchen sagte, ____________ (____________) es ____________ (____________) heiße Wetter nicht vertrage.

4.2 *wider* und *wieder*

ÜBUNG 5 ★★☆

Setze je eine passende Wortverbindung mit *wieder* oder *wider* in die Lücke. Achte nicht nur auf die richtige Schreibung – *i* oder *ie* –, sondern auch auf die korrekte Getrennt- bzw. Zusammenschreibung. Achtung: Manchmal gibt es zwei richtige Möglichkeiten!

1. wieder/wider + einführen — Die neue Direktorin will die alten Vorschriften ____________________.
2. wieder/wider + geben — Er wollte den Vorfall wahrheitsgetreu ____________________.
3. wieder/wider + bringen — Er hat alle Bücher ____________________.
4. wieder/wider + stehen — Sie hat der Versuchung ____________________.
5. wieder/wider + aufführen — Die Schulklasse wird ihr Theaterstück nach dem großen Erfolg bestimmt ____________________.
6. wieder/wider + sehen — Der Blinde konnte nach der Operation ____________.
7. wieder/wider + haben — Kann ich bitte meinen Kugelschreiber____________________?
8. wieder/wider + streben — Es hat ihm ____________________, die Hausaufgaben zu machen.
9. wieder/wider + sprechen — Du ____________________ dir.

TIPP Wie unterscheidet man *wider*- und *wieder*?

- Der Wortbestandteil *wider* drückt in Verbverbindungen einen Gegensatz aus. Diese Verbindungen werden immer zusammengeschrieben:
  widersprechen (sich gegen die Meinung eines anderen äußern)
  widerstehen (sich gegen jemanden oder etwas behaupten)
- Das Wort *wieder* drückt in Verbverbindungen eine Wiederholung im Sinne von „erneut" oder „zurück" aus:
  Ich werde es dir wiedergeben, wenn wir uns wiedersehen/wieder sehen.

ÜBUNG 6 ★★★

Bilde aus den Wortteilen Zusammensetzungen mit *wieder* oder *wider* und sortiere sie.

-haken · -lich · -beginn · -vereinigung · -rufen · -erobern · -käuen · -herstellen · -fahren · -stand · -wärtig · -geben · -wort · -wahl

Wörter mit *wieder:*

Wörter mit *wider:*

4.3 *end-/ent-, -and/-ant* und *tod-/tot-*

ÜBUNG 7 ★★★

Setze die richtige Silbe ein: *ent-* oder *end-*?

_____lich haben wir die Karten! Völlig _____nervt haben wir mehrere Stunden Schlange gestanden. Das _____ergebnis sind zwei Konzertkarten und zwei _____nervte Gesichter. An der _____losen Warteschlange sind immer wieder Menschen mit _____geistertem Blick _____langgelaufen. _____gegen aller Voraussagen hat es jedoch nicht geregnet. Zwischendurch hat sich meine Freundin _____fernt, um etwas zu essen zu holen. Nach einer Stunde hat sie eine Pommesbude _____deckt und ist glücklich zurückgekommen. Allerdings waren die Pommes, als sie _____lich bei mir ankamen, schon kalt. Deshalb war ich etwas _____täuscht. Völlig _____setzt war ich jedoch über den Preis: 3,50 €! Dafür bekomme ich in der Imbissbude an meiner _____haltestelle mindestens das Doppelte.

TIPP **Wie unterscheidet man *end-* und *ent-*?**

- Zusammensetzungen und Ableitungen mit *end-* kommen von „Ende“: endlich, endgültig, endlos, Endlager, Endeffekt, Endfassung, Endprodukt, (be)enden
- In allen anderen Fällen, die nicht vom Wort „Ende“ abgeleitet sind, steht die Vorsilbe *ent-*: entfernen, entzünden, entkleiden, entleeren, entflammbar, Entlassung, Entscheidung

ÜBUNG 8 ★★☆

Verbinde die Wortteile mit den Vorsilben *ent-/Ent-* oder *end-/End-* und sortiere sie in deinem Übungsheft.

-täuschen · -lichkeit · -ergebnis · -spannt · -gelt · -effekt · -scheidung · -spurt · -fernen · -silbe · -reim · -gegen · -zündung · -runde · -behren · -sagen · -schuldigung · -lager

ÜBUNG 9 ★★☆

Setze die folgenden Adjektive und Verben mit *tot-* oder *tod-* zusammen und schreibe sie in dein Übungsheft.
Tipp: Verben werden meist mit *tot* gebildet, Adjektive meist mit *tod*.

krank · sagen · schießen · ernst · schick · sicher · fahren · unglücklich · müde · blass · schlagen · schweigen · treten · elend · lachen · geweiht · geglaubt · arbeiten

ÜBUNG 10 ★★★

Bilde aus den Silben durch das Anhängen von *-and, -end, -ant* oder *-ent* Wörter. Bilde dann den Plural und erläutere kurz, was sie bedeuten.

Divid________: Pl.:____________ ____________________

Absolv________: Pl.:____________ ____________________

Doktor________: Pl.:____________ ____________________

Praktik________: Pl.:____________ ____________________

Spekul________: Pl.:________________ ______________________________

Konfirm________: Pl.:________________ ______________________________

4.4 *ä/e* und *äu/eu*

ÜBUNG 11 ★☆☆

Der Vokal *e* und der Umlaut *ä* klingen sehr ähnlich und bei kurzer Aussprache sogar gleich.
Tipp: Wörter mit *ä* stammen meist von Wörtern mit *a* ab. Finde zu den angegebenen Wörtern jeweils ein verwandtes Wort mit *a*.

Täter: ________________________ jährlich: ________________________

väterlich: ________________________ älter: ________________________

Hähnchen: ________________________ kämmen: ________________________

mächtig: ________________________ gehässig: ________________________

längst: ________________________ Fläschchen: ________________________

ÜBUNG 12 ★★☆

Setze entweder *e*, *ä*, *eu* oder *äu* ein und leite von den Wörtern mit *ä* oder *äu* ein verwandtes Wort mit *a* oder *au* ab.

St___mme ________________________ aufw___ndig ________________________

verg___den ________________________ L___nder ________________________

H___ser ________________________ H___ptling ________________________

G___ste ________________________ g___stern ________________________

t___er ________________________ Kr___ter ________________________

r___chen ________________________ B___me ________________________

S___gling ________________________ B___te ________________________

ents___tzlich ________________________ ausr___chern ________________________

5 Die Fremdwörter

5.1 Fremdwörter aus dem Englischen

ÜBUNG 1 ★☆☆

Korrigiere die Fehler.

Innlainer	____________	Tattuh	____________
Haileit	____________	Tie-Schört	____________
Iwent	____________	kuhl	____________
Ihmeyl	____________	Babbelgamm	____________

TIPP Zur Schreibung von Anglizismen

- Für die Schreibung von Fremdwörtern aus dem Englischen gilt:
  – Was wie ein langes *i* klingt, wird oft *ee* oder *ea* geschrieben: Teenager, Jeans.
  – Ein gehörtes *ei* wird häufig als *y* oder als *i* geschrieben: Recycling, Design, live.
- Zusammengesetzte Fremdwörter, auch Anglizismen werden grundsätzlich zusammengeschrieben. Aus Substantiven zusammengesetzte Fremdwörter können der besseren Lesbarkeit halber mit Bindestrich stehen:
  Midlifecrisis – Midlife-Crisis / Desktoppublishing – Desktop-Publishing
- Wörter, deren zweiter Teil ein Adverb ist, schreibt man mit Bindestrich: Coming-out, Make-up; Zusammenschreibung ist jedoch oft auch erlaubt:
  Know-how – Knowhow / Stand-by – Standby

ÜBUNG 2 ★★☆

Welche Buchstaben fehlen? Setze die richtigen ein.

ai · ea · ea · ea · ea · ee · ey · ey · oa

B____t	Hock____	B____fst____k	Tr____ning
Sw____ter	Voll____ball	T____m	Trenchc____t

ÜBUNG 3 ★★★

Notiere zu den Begriffsumschreibungen das passende Fremdwort.

1. Aufbereitung und Wiederverwertung ________________
2. auf Wiedersehen (engl.) ________________
3. Überbrückung eines kranken Blutgefäßes ________________
4. Kenner interner Verhältnisse ________________
5. Rohrleitung ________________
6. Gestalt, Muster ________________
7. Höhepunkt, Glanznummer ________________
8. zeitliche Abstimmung von Abläufen ________________

5.2 Fremdwörter aus dem Französischen

TIPP **Wie schreibt man Fremdwörter aus dem Französischen?**

- Ein gesprochenes *u* wird meist *ou* geschrieben: S**ou**venir, T**ou**rist
- Was ähnlich klingt wie ein deutsches *ä* wird *ai* geschrieben: Pal**ai**s, S**ai**son
- Ein gesprochenes *lj* oder *ij* wird *ill* geschrieben: Meda**ill**e, Ta**ill**e
- Gesprochenes *ö* schreibt man *eu:* Kontroll**eu**r, Mass**eu**r
- Was wie ein weiches *sch* [ʒ] klingt, wird vor e oder *i* als *g* geschrieben: Gara**g**e, Passa**g**ier

ÜBUNG 4 ★★★

Setze die französischen Fremdwörter in die Sätze auf der nächsten Seite ein.

engagieren · Nugat · Jalousie · Portemonnaie · Mayonnaise · Coupon · Restaurant · Niveau · Fritteuse · Orange · Toilette · Parfüm

1. Der Inhaber des ________________ ________________ nur ausgebildetes Fachpersonal.
2. In einem Lokal von ________________ hat eine ________________ angeblich nichts zu suchen.
3. ________________ mit dem Aroma von ________________ ist der Verkaufsschlager der Süßwarenabteilung.
4. Im ________________ steckte der ________________ aus der Reinigung.
5. Der Lehrling kippte heimlich die geronnene ________________ in die ________________.
6. Im Haus stank es, denn als das Zimmermädchen die ________________ hochzog, stieß es das ________________ um.

TIPP **Eindeutschung von Fremdwörtern**

Die Schreibung häufig gebrauchter Fremdwörter wird mehr und mehr vorsichtig an die deutsche Schreibweise angepasst. Das betrifft:

■ bestimmte einzelne Wörter:	Joghurt – Jogurt, Spaghetti – Spagetti
■ Wörter aus dem Französischen:	Friseur – Frisör, Nougat – Nugat
■ *f* statt *ph*, besonders bei den Wortbestandteilen *graph*, *phon* und *phot*:	Graphik – Grafik, Mikrophon – Mikrofon, Photograph – Fotograf
■ in vielen Fällen *-ziall-ziell* statt *-tiall-tiell*:	Potential – Potenzial, differentiell – differenziell, potentiell – potenziell

ÜBUNG 5 ★★★

Hier sind sechs Fremdwörter aus dem Französischen durcheinandergeraten. Setze sie wieder richtig zusammen und schreibe sie auf.

Nu · yon · gat · Toi · Ja · Ren · ment · lou · vous · ge · sie · let · ga · te · de · nai · En · Ma · se

________________ ________________

________________ ________________

________________ ________________

5.3 Fremdwörter aus dem Lateinischen, dem Griechischen und aus anderen Sprachen

ÜBUNG 6 ★★☆

Wie kann man auch schreiben? Finde die eingedeutschte Schreibweise der unten stehenden Fremdwörter heraus, indem du die Silben aus dem Wortspeicher richtig zusammensetzt.

Ma · al · Jo · si · Sa · ten · nä · ell · Po · fon · stan · ta · jo · ne · se · Gra · ter · Ku · Fan · gurt · xo · zi · sie · fisch · Pan · sub · ker · Tun · zi · fi

Cousine:	______	Phantasie:	______
Graphiker:	______	Panther:	______
Thunfisch:	______	substantiell:	______
Joghurt:	______	Mayonnaise:	______
Saxophon:	______	Potential:	______

ÜBUNG 7 ★★★

Nur eine Schreibung ist richtig. Welche? Unterstreiche sie.

1. Apocalypse – Abokalypse – Apokalypse – Apokallypse
2. autentisch – authentisch – autenthisch – authentysch
3. Bouquet – Buket – Buquet – Bouquett
4. Chromosom – Cromosom – Chrumosom – Chrymosom
5. Fata-Morgahna – Fata Morgana – Fata morgana – Fatah Morgana
6. Gastronomi – Gasthronomie – Gastronomie – Gasttronomie
7. Komision – Kommission – Kommision – Commission
8. Paradontuse – Parodonntose – Parodontose – Pahradontose

6 Die Zeichensetzung

6.1 Das Komma bei Aufzählungen

ÜBUNG 1 ★☆☆

Setze die Kommas richtig.

Zu den Aufgaben eines Schriftsetzers gehört die Gestaltung von Drucksachen wie z. B. Zeitschriften Katalogen Büchern und Formularen mit den Elementen Schrift Bild Farbe und Grafik. Schriftsetzer führen Texte Bilder und andere Gestaltungselemente am Computer zusammen. Ihren Arbeitsplatz haben Schriftsetzer in Setzereien Textverarbeitungsbetrieben aber auch in Druckereien. Sie können auch in Verlagen Grafikbüros Medienagenturen sowie in Werbeabteilungen größerer Unternehmen tätig sein.

TIPP Wann steht bei Aufzählungen ein Komma?

- Das Komma trennt die einzelnen Glieder einer Aufzählung:
  Wir arbeiten schnell, preiswert, zuverlässig, sauber.
- Kein Komma steht, wenn die einzelnen Glieder mit den Konjunktionen *und, oder, sowie, entweder ... oder, sowohl ... als auch, weder ... noch* verbunden sind:
  Wir arbeiten schnell und preiswert sowie zuverlässig und sauber.
- Sind die Glieder durch entgegenstellende Konjunktionen wie *aber, jedoch, doch, sondern* verbunden, wird ein Komma gesetzt:
  Wir arbeiten preiswert und sauber, aber zeitaufwendig.

ÜBUNG 2 ★★☆

Achte auf die nebenordnenden und entgegenstellenden Konjunktionen und setze die Kommas richtig.

1. Heute muss mein Vater noch meine Mutter von der Firma abholen das Geschirr spülen und die Wäsche machen aber staubsaugen oder bügeln muss er nicht mehr.

2. Du solltest das Referat nicht vorlesen sondern frei vortragen.

3. Wir machen dieses Jahr am Sommerfest weder Waffeln noch Kaffee aber Kuchen.

6.2 Das Komma bei Haupt- und Nebensätzen

ÜBUNG 3 ★★★

Verbinde die Haupt- und Gliedsätze mit den passenden Konjunktionen und setze das Komma richtig. Unterstreiche dann den Gliedsatz.

nachdem · weil · wenn · als

Die Mutter macht ein entsetztes Gesicht ______________ sie das Zeugnis ihrer Tochter gesehen hat. „Sonja, dein Zeugnis ist eine einzige Katastrophe. Was soll ich denn dazu sagen?" „Was du früher immer gesagt hast ______________ mir etwas Schlimmes passiert ist", schlägt ihre Tochter vor. ____________ die Mutter sich etwas beruhigt hat fragt sie: „Was habe ich da gesagt?" „Hauptsache, du bist gesund, mein Kind ____________ alles andere dagegen unwichtig ist."

TIPP **Wann steht ein Komma zwischen Hauptsatz und Nebensatz?**

- Hauptsatz und Nebensatz (Gliedsatz) werden mit Komma voneinander getrennt:
  Ich habe keine Zeit, **weil ich so viel lernen muss.** – **Ob ich morgen zum Schwimmen mitkomme,** weiß ich noch nicht. – Die Tatsache, **dass die Arbeit so schwierig wird,** ärgert mich.
- Wenn mehrere Nebensätze von einem übergeordneten Satz abhängig sind, sind sie **gleichrangige Nebensätze.** Wenn sie nicht durch eine beiordnende Konjunktion (Bindewort) verbunden sind, werden sie mit Komma getrennt:
  Was er mit dem Geld machen sollte, ob er sich davon eine Playstation kaufen konnte, ob es nur zu einem neuen Spiel reichen würde, ob er lieber eine große Fahrradtour machen sollte, über all das musste er noch gründlich nachdenken.
- Gleichrangige Nebensätze, die mit einer beiordnenden Konjunktion verbunden sind, dürfen nicht mit Komma getrennt werden: Sie freute sich, dass sie die Wette gewonnen hatte und dass ihre Freundin sie nun ins Kino einladen musste.

ÜBUNG 4 ★☆☆

Entscheide, ob ein Komma zwischen den Sätzen stehen muss. Dabei hilft dir die Unterscheidung zwischen Hauptsatz und Nebensatz.

1. Bis wir uns wiedersehen _ werde ich jeden Tag an dich denken.
2. Ich denke an dich _ und wir sehen uns bestimmt wieder.
3. Wir treffen uns in Hamburg _ oder wir sehen uns in Berlin wieder.
4. Das erste Mal sahen wir uns in Hamburg _ das nächste Mal trafen wir uns in Berlin.
5. Für nächstes Jahr planen sie einen gemeinsamen Urlaub _ oder sie bleiben zu Hause.
6. Obwohl ein gemeinsamer Urlaub geplant war _ blieben sie lieber zu Hause.

TIPP **Wann steht ein Komma zwischen Hauptsätzen?**

- Zwei Hauptsätze werden durch Komma voneinander getrennt:
  Ich kann singen, ich kann auch tanzen.
- **Kein Komma** steht, wenn die Sätze durch die Konjunktionen *und* bzw. *oder* verbunden sind.
  Es kann hier allerdings ein Komma stehen, um die Gliederung des Satzes zu verdeutlichen oder um Missverständnisse zu vermeiden: Ich kann singen(,) und tanzen kann ich auch.
- Bei **entgegenstellenden Konjunktionen** wie *aber, jedoch, doch, sondern* steht ein Komma:
  Ich kann singen, aber ich kann auch tanzen. Ich kann nicht singen, sondern ich kann tanzen.

ÜBUNG 5 ★★☆

Hier fehlen neun Kommas. Setze sie an die richtige Stelle.

Heute war so ein richtig verflixter Morgen. Nachdem ich mich aus dem Bett gequält hatte rutschte ich auf der Fußmatte aus. Ich rappelte mich hoch und hinkte ins Bad das wie immer besetzt war. Meine Schwester! Damit sie ja auch schön genug ist steht sie immer eine halbe Stunde früher auf und nimmt das Badezimmer in Beschlag. Wirklich klasse! Wenn sie dann endlich fertig ist kann man das Bad erst einmal nicht betreten weil sich eine riesengroße Duftwolke in ihm ausgebreitet hat. Ich trat also gegen die Tür um mich wenigstens bemerkbar zu machen. Und wie ich meiner Wut so freien Lauf ließ durchfuhr mich ein stechender Schmerz: mein großer

Zeh! Ich musste ihn angeknackst haben. Nachdem ich langsam zurück ins Bett gehumpelt war zog ich mir die Decke über den Kopf. Hier kriegt mich keiner mehr raus dachte ich.

6.3 Das Komma bei Infinitiv- und Partizipgruppen

ÜBUNG 6 ★★★

Unterstreiche die Infinitivgruppen in den folgenden Sätzen und entscheide, ob man ein Komma setzen muss oder nicht. Begründe deine Entscheidung im Übungsheft.

1. In der Jungsteinzeit benutzten die Menschen Werkzeuge aus Stein um ihre Arbeiten zu verrichten.
2. Die Männer waren dazu übergegangen an ihren Pfeilen Spitzen aus Feuerstein zu befestigen.
3. Durch die Verwendung von Mahlsteinen war es möglich das Korn zu mahlen.
4. Auf den kleinen Äckern in der Nähe der Siedlung pflegten die Frauen und Männer mit gezähnten Feuersteinschneiden das Getreide zu schneiden.
5. Die Männer gaben sich beharrlich Mühe Baumstämme mit Steinbeilen zu bearbeiten und zu zerkleinern.

TIPP Wann steht bei Infinitivgruppen ein Komma?

Bei einer Infinitivgruppe steht ein Komma,

- wenn sie mit *als, (an)statt, außer, ohne* oder *um* eingeleitet wird:
  Sie konnte nichts Besseres tun, **als** noch eine Weile zu warten.
- wenn sie von einem **Substantiv** abhängt:
  Er fasste den **Entschluss**, bald mehr zu lernen.
- wenn sie durch ein **hinweisendes Wort** angekündigt (oder wieder aufgenommen) wird:
  Es ist unsere Absicht, die Torte zu verzieren.

ÜBUNG 7 ★☆☆

Setze die notwendigen Kommas. Klammere die Kommas ein, die man setzen kann, aber nicht setzen muss.

1. Anstatt sich zu bedanken ging der Mann wortlos weiter.
2. Es ist seine Aufgabe gebraucht zu werden.
3. Vor Kurzem erst gekauft war das Gerät bereits in der Reparatur.
4. Wir sind gekommen um uns ein neues Auto zu kaufen.
5. Er glaubte etwas zu hören.
6. Sie stand vollkommen verärgert und frustriert in der Halle.
7. So ist es kein Geld zu haben.

TIPP Infinitivgruppen ohne Komma

- Wenn die Infinitivgruppe von einem Hilfsverb oder von den wie Modalverben (↑ S. 14) gebrauchten Verben *brauchen, pflegen, scheinen* abhängig ist, wird sie im Allgemeinen nicht durch ein Komma abgetrennt:
  Du brauchst mir nicht zu antworten.
  Sie pflegte jeden Montag zu uns ins Geschäft zu kommen.
  Er schien im Verkauf nicht mehr tragbar zu sein.
  Die Tropfen sind auf Zucker einzunehmen.
- Auch wenn die Infinitivgruppe mit dem übergeordneten Satz in irgendeiner Weise verschränkt ist, steht kein Komma:
  Diesen Vorgang wollen wir zu erklären versuchen.
  Den genannten Betrag bitten wir auf unser Konto zu überweisen.

ÜBUNG 8 ★★☆

Finde jeweils ein hinweisendes Wort, mit dem die Partizip- oder Infinitivgruppe angekündigt wird. Setze dann das Komma richtig ein.

1. Dafür ____________ steht unser Name, von guter Qualität zu sein.
2. ____________ ging der Patient dahin geheilt und ohne Beschwerden.
3. ____________ lief er vor ihnen davon um schnell zu entkommen.
4. Es war ____________ wie der Kunde es sich vorgestellt hatte.

5. Er hatte nicht ____________________ gedacht die Sportsachen mitzunehmen.

6. Richtig frankiert ____________ kommt der Brief auch an.

TIPP **Wann steht bei Partizipgruppen ein Komma?**

- Um einen Satz zu gliedern, **kann** man **Partizipgruppen** mit einem Komma abtrennen:
  Das ist(,) grob gerechnet(,) die Hälfte.
- Findet sich in einem Satz ein Wort oder ein Ausdruck, der auf die Partizipgruppe **hinweist, muss** das Komma gesetzt werden:
  Über das ganze Gesicht strahlend, **so** kam sie nach Hause. **Auf diese Weise,** fleißig lernend, wirst du die Arbeit schaffen.
- Auch **nachgetragene Partizipgruppen müssen** als Zusatz mit Komma abgegrenzt werden:
  Anna, heute besonders dick angezogen, will Schlitten fahren.

6.4 Das Komma bei Zusätzen, Erläuterungen und Beisätzen

ÜBUNG 9 ★☆☆

Setze die Zusätze und Nachträge sowie die notwendigen Kommas ein.

zum Beispiel Yoga · ich habe sie vor einem Monat gekauft · dem 6. Dezember · und zwar das gelbe · insbesondere Harry Potter · es lernt leicht

1. Eines der Häuser ____ möchte ich kaufen.
2. Ich möchte nun auch Sport treiben ____.
3. Mein Kind ____ ist gut in der Schule.
4. Ich liebe alle Fantasybücher ____.
5. Die Schuhe ____ sind schon kaputt.
6. Am Mittwoch ______________________________ treffen wir uns bei Christina.

TIPP **Wann werden Zusätze und Nachträge mit Komma abgetrennt?**

- Bei **Einschüben:**
  Am Samstag, **es war ein wunderschöner Sommertag**, war ich krank.
- Bei **Appositionen** (Beifügungen):
  Paul, **ein Weltenbummler**, und Tim, **ein Fotograf**, sind ...
- Bei **nachgestellten Erläuterungen,** die z. B. eingeleitet werden mit *also, besonders, das heißt, insbesondere, nämlich, und zwar, vor allem, zum Beispiel:*
  Raubkatzen, **vor allem Tiger**, finde ich toll. • Morgen wird es heiß, **und zwar 40 °C.**

ÜBUNG 10 ★★☆

Verbinde jeweils die beiden Sätze in deinem Heft zu einem Satz mit Apposition.

1. Peter und Marc sind zwei Abenteurer aus Schalksmühle. Sie brechen auf zu einer Reise nach Sibirien. → Peter und Marc, zwei Abenteurer aus Schalksmühle, brechen zu einer Reise nach Sibirien auf.
2. Kartoffeln, Eier, Öl, Essig, Salz und Pfeffer kann man im Supermarkt kaufen. Das sind die Zutaten für einen Kartoffelsalat.
3. Jennifer ist ein großer Fan von Robbie Williams. Sie hat ihr Zimmer mit Postern des Superstars tapeziert.
4. Viele Sportbegeisterte schauen zu, wenn ihre Lieblingssportarten im Fernsehen übertragen werden. Am liebsten sehen sie Fußball und Tennis.

6.5 Die Zeichensetzung bei wörtlicher Rede und bei Zitaten

ÜBUNG 11 ★☆☆

Unterstreiche die Redebegleitsätze.

Seltsamer Spazierritt (nach Johann Peter Hebel)

Ein Mann reitet auf seinem Esel und lässt seinen Jungen nebenherlaufen. Da kommt ein Wanderer und schaut das Paar verwundert an. „Das ist nicht recht, Vater", schimpft er, „dass Ihr reitet und den Jungen laufen lasst. Ihr habt stärkere Glieder." Da steigt der Vater ab und lässt den Sohn reiten. Wieder kommt ein Wandersmann. Er spricht: „Das ist nicht recht, Junge! Steig ab und lass deinen alten Vater auf den Esel! Du hast jüngere Beine." Da saßen beide auf und ritten eine Strecke. Abermals begegnet ihnen ein Wandersmann. „Was für eine Tierquälerei, zwei Kerle und ein so schwaches Tier! Steigt sofort ab!", ruft er. Da steigen beide wieder ab und gehen neben dem Tier her, der eine links, der andere rechts und in der Mitte der Esel. Schließlich kommt ein vierter Wanderer. „Ihr seid drei kuriose Gesellen", wundert er sich. „Reicht es denn nicht, wenn zwei zu Fuß gehen?" Da bindet der Vater dem Esel die vorderen Beine zusammen und der Sohn die hinteren. Sie ziehen einen starken Baumstamm hindurch und tragen den Esel auf den Schultern nach Hause.

TIPP Wörtliche Rede

- Die wörtliche Rede steht in Anführungszeichen. Der **vorangestellte Redebegleitsatz** wird mit Doppelpunkt von der wörtlichen Aussage abgetrennt:
  Lara ruft: „Heute gehe ich Eis essen!"
- **Nachgestellte oder eingeschobene Redebegleitsätze** werden mit Komma abgetrennt.
  „Wo gehst du denn hin?", fragt Carina. „Na", erwidert Lara, „ich habe doch Training."
- Bei Aussagesätzen in der wörtlichen Rede **entfällt der Schlusspunkt:**
  „Ich bin nur gespannt, ob du morgen wieder über das Schokoeis schimpfst", sagt die Freundin.

ÜBUNG 12 ★★★

Füge alle fehlenden Satzzeichen ein.

1. Mir gefällt die Geschichte überhaupt nicht!   schimpft Peter.
2. Warum?   fragt Katrin.   Ist doch lustig, dass die beiden sich so verunsichern lassen.
3. Außerdem   fügt Maria hinzu   ist die Vorstellung, dass ein Esel getragen wird, echt komisch.
4. Aber die ganze Zeit passiert immer dasselbe   meckert nun auch Tom.
5. Ach, ihr Jungs habt doch keine Ahnung!   ereifert sich Verena.   Ihr wisst doch gar nicht, was eine gute Geschichte ist.
6. Die Lehrerin unterbricht Vera: Nun mal langsam. Jeder darf sagen, wie ihm die Geschichte gefällt.

7 Die Worttrennung

7.1 Die Trennung einfacher und zusammengesetzter Wörter

ÜBUNG 1 ★★★

Setze die falsch getrennten und durcheinandergeratenen Wörter in deinem Übungsheft wieder zusammen. Zeichne die richtigen Trennstellen ein.

Top- · -schen · bis- · -tamtlich · Os- · Mat- · Ver- · versch- · -ließen · -flappen · -ränderung · -lerfolg · Ve- · haup- · Tei- · En- · -schwetter · -anda · -teignung · -talpen

TIPP Abtrennung von Einzelbuchstaben

- Ein einzelner Vokalbuchstabe **am Wortanfang oder -ende** wird **nicht abgetrennt.** Also **nicht**: A-bend, o-der, U-fer.
- Das Gleiche gilt für Teile von Zusammensetzungen, die klar erkennbar sind. Man trennt also: Vor-abend, Rhein-ufer, Über-see, Olym-pia-dorf.
- Im Wortinneren jedoch darf ein einzelner Buchstabe abgetrennt werden, wenn er nicht zu einem erkennbaren Teil einer Zusammensetzung gehört, also: po-e-tisch, The-a-ter

ÜBUNG 2 ★★★

Trenne die Silben folgender Wörter durch Längsstriche.

Ei|sen|bahn|wa|gen	Seenplatte	Schifffahrt
Musikinstrument	dagegen	Wecker
beschweren	darüber	Interesse
Ruine	Voraussetzung	schwitzen
Schwimmmeister	Aktienkurs	Ausstellung
Brauerei	Karpfen	Wespe

RECHTSCHREIBUNG UND ZEICHENSETZUNG

7.2 Die Trennung von Fremdwörtern

ÜBUNG 3 ★★★

Bilde aus den unten stehenden Silben folgende Fremdwörter. Achtung: Die Wörter sind nach den deutschen Regeln getrennt!

Mag- · -lio- · -nak · Zent- · -pi- · -narch · -net · Bib- · Kog- · Exa- · -thek · In- · Hos- · Mo- · -rum · Prob- · -gramm · -rik · -res- · Te- · -lem · Fab- · -te- · -se · -tal · -le- · -men

Eisen, das Metall anzieht: Mag-net

Krankenhaus: ______

Abschlussprüfung: ______

Bücherei: ______

alkoholisches Getränk: ______

Mittelpunkt: ______

König: ______

Aufmerksamkeit: ______

Schwierigkeit: ______

Industriebetrieb: ______

Eilbotschaft: ______

TIPP **Wie trennt man Fremdwörter?**

- Fremdwörter können entweder nach den deutschen Regeln, d. h. Trennung nach Sprechsilben oder Trennung bei Konsonantenhäufung, oder nach der Herkunftssprache, d. h. nach der Bedeutung der einzelnen zusammengesetzten Wortbestandteile in der Herkunftssprache, getrennt werden.
  In-te-res-se , In-ter-es-se / Pä-da-go-ge , Päd-ago-ge,
  Pub-li-kum, Pu-bli-kum / He-li-kop-ter, He-li-ko-pter
- Fremdwörter können auch aus zwei (Fremd-)Wörtern oder einer Vorsilbe und einem Fremdwort zusammengesetzt sein. In diesem Fall werden die Bestandteile voneinander getrennt wie bei deutschen Wörtern auch: kapital-intensiv, in-akzeptabel.

1 Erzählung und Bericht

1.1 Die Erzählung

ÜBUNG 1 ★☆☆

Ordne die folgenden Ideen den Aufsatzthemen zu. Schreibe in dein Übungsheft.

Meine Geburtstagsparty

Begegnung mit einem Drachen

Die Supermaus

Einladungskarten schreiben und verteilen · sumpfiges Gelände · als Blitzkurier einsetzbar · Grill aus dem Keller holen · Schwefelgeruch · dreißig Käselaiber pro Tag verspeisen · allerdings etwas eitel, bürstet sich jeden Tag zwei Stunden lang das Fell · Hefeteig für Stockbrot ansetzen · furchterregende Geräusche · Holzkohle kaufen · angekohlte Bäume

ÜBUNG 2 ★☆☆

Gehören die folgenden Ideen eher zu einer Erlebniserzählung oder zu einer Fantasiegeschichte (↑ Tipp, S. 116)? Trage die Nummern unten ein.

① zum ersten Mal allein zu meinen Großeltern mit dem Zug gefahren; ② allein in einem dunklen großen Wald; ③ morgens um 8:00 Uhr losfahren; ④ ein Pferd mit gelb-braunen Punkten sehen; ⑤ die Gedanken des Pferdes lesen; ⑥ Intercity fahren; ⑦ ein spannendes Buch lesen; ⑧ blutrote Wiesen, über denen der Nebel hängt; ⑨ je weiter man sich entfernt, desto größer wird das Tier; ⑩ schnell noch ein Brötchen kaufen; ⑪ den Wald durchdringt eine sonderbare Melodie; ⑫ den Anschlusszug verpassen; ⑬ die Großeltern mit dem Handy anrufen; ⑭ Vögel mit Mäusekrallen in der Luft; ⑮ einen Schaffner mit feuerrotem Haar und Augenbrauenpiercing treffen; ⑯ mit Überschallgeschwindigkeit fliegen

Erlebniserzählung: ____________________

Fantasiegeschichte: ____________________

TIPP Erlebniserzählungen und Fantasiegeschichten

Erzählen bedeutet, ein Erlebnis, eine Begebenheit, eine Handlung, ein Ereignis unterhaltsam – d. h. spannend, interessant oder lustig – wiederzugeben. Bei allen erzählenden Aufsätzen muss man zuerst **Ideen sammeln:**

- **Erlebniserzählungen** erzählen von dem, was man erlebt hat oder erlebt haben könnte.
  - Wer war dabei? → mein bester Freund, seine kleine Schwester und mein Hund
  - Wo und wann spielt die Geschichte? → am späten Nachmittag auf dem Heimweg vom Freibad
  - Was genau hat man erlebt? → die ersten Regentropfen auf dem heißen Asphalt • Angst meines Freundes • Winseln des Hundes • die ersten Sonnenstrahlen nach dem Gewitter
  - Was war das ganz Besondere an diesem Erlebnis? → fantastisches Naturschauspiel • der warme Regen auf der Haut • das laute Donnergrollen • grelle Blitze
- In **Traum- und Fantasiegeschichten** erzählt man von dem, was man im Traum oder in der Fantasie erleben kann. Sie müssen sich daher nicht an der Wirklichkeit orientieren, sondern sollten vor allem anschaulich und spannend sein.
  - Wie sieht der fantastische Ort aus, an dem das Geschehen stattfindet? → grellbunte Pflanzen und Tiere • ganz schmale Hochhäuser mit runden Fenstern
  - Welche besonderen Eigenschaften haben die Menschen oder die anderen Figuren in der Fantasiegeschichte? → menschenähnliche Figuren mit dreieckigen Köpfen • rot-weiß karierte hundeähnliche Wesen
  - Was ist das ganz Besondere an diesem fantastischen Geschehen? → sprechende „Hunde", die den Menschen Befehle geben

ÜBUNG 3 ★☆☆

Verbinde die Wörter zu anschaulichen und ausdrucksstarken Wendungen.

vor lauter	starkes Herzklopfen	erfrieren
mit schlotternden	Blick	ankommen
in klirrender	Lautstärke	brausen
mit rasanter	Enttäuschung	zuwerfen
vor Aufregung	Geschwindigkeit	krumm machen
keinen	Knien	kreischen
mit ohrenbetäubender	Kälte	heulen
einen bitterbösen	Finger	haben

ÜBUNG 4 ★★★

Ordne die Adjektive aus dem Wortspeicher den einzelnen Begriffen zu; manche Adjektive kannst du mehrfach verwenden.

lecker · diesig · neblig · prachtvoll · frostig · würzig · fröhlich · heiter · munter · spindeldürr · schön · teuer · reichhaltig · gläsern · spannend · umkämpft · heiß · anstrengend · versalzen · blond

Wetter: ______________________

Mittagessen: ______________________

Briefträger: ______________________

Traumschloss: ______________________

Radrennen: ______________________

ÜBUNG 5 ★★★

Schreibe eine kurze Geschichte in dein Übungsheft, in der du möglichst alle vorgegebenen Adjektive und Substantive aus Übung 4 verwendest. Vielleicht kannst du auch einzelne Wendungen aus Übung 3 einsetzen (zum Aufbau einer Erzählung ↑ Tipp, S. 119).

Gestern ist mir etwas ganz Seltsames passiert. Als ich kurz vor dem Mittagessen zu unserem Briefkasten ging, traf ich auf unseren Briefträger. Er, der sonst immer so …
Bis dahin schien mir alles noch ganz normal, aber als wir dann an einem gläsernen Traumschloss vorbeikamen, war ich schon nicht mehr ganz so munter …
Das war sicher eines meiner spannendsten Abenteuer! Nach diesem anstrengenden Wettkampf hatte ich so einen Hunger, dass mir sogar der Erbseneintopf meiner Mutter schmeckte, obwohl er – wie immer – mörderisch heiß und dazu noch versalzen war.

TIPP **Die Erzählzeit**

- Die Erzählzeit ist die Vergangenheit, das **Präteritum.**
  Wir **standen** triefnass an der Ampel, als plötzlich ein lauter Donner in unseren Ohren **dröhnte.**
- Greift man auf etwas zurück, das zeitlich vor dem eigentlichen Geschehen liegt, benutzt man die Vorvergangenheit, das **Plusquamperfekt.**
  Nachdem wir aus dem Freibad **aufgebrochen waren,** fing es an zu regnen.

1.2 Der Bericht

ÜBUNG 6 ★★☆

Überprüfe die beiden Kurzberichte. Auf welche der sieben W-Fragen, die du unten in der Übung findest, geben sie Antwort, auf welche nicht?

1.

Tausende, zumeist jugendliche Zuhörerinnen und Zuhörer waren hellauf begeistert beim Konzert der „Sensationellen Sechs“. Der Jugendband gelang es sehr schnell, die Stimmung sowohl mit alten Hits als auch mit neuen Titeln anzuheizen. Auch als das Konzert nach zweieinhalb Stunden zu Ende ging, war die Stimmung noch riesig.

Wer? ______________________

Was? ______________________

Wann? ______________________

Wo? ______________________

Wie? ______________________

Warum? ______________________

Welche Folgen? ______________________

2.

Dem sympathischen Athleten gelang beim gestrigen Sportfest im Donaustadion ein großartiger Rekord. Mit einem tollen Schlussspurt ließ er das gesamte Feld hinter sich. Durch diese hervorragende Leistung hat er sich für die Europameisterschaft in Lissabon qualifiziert. Mehrere Wochen hatte er für diese Höchstleistung trainiert.

Wer? ______________________

Was? ______________________

Wann? ______________________

Wo? ______________________

Wie? ______________________

Warum? ______________________

Welche Folgen? ______________________

ÜBUNG 7 ★★★

Verbessere die Kurzberichte aus Übung 6, indem du die fehlenden Informationen ergänzt. Schreibe die beiden Texte in dein Übungsheft.

TIPP Der Aufbau einer Erzählung und eines Berichts

- In der **Einleitung** gibt man einen kurzen Überblick über die Ausgangssituation: **Wer** handelt? **Was** ist los? **Wann** und **wo** spielt die Geschichte? *Aber:* Nicht zu viel verraten – so wird die Geschichte spannender.
- Im **Hauptteil** entfaltet man das besondere Erlebnis oder die fantastische Begebenheit in mehreren Erzählschritten, welche die Spannung immer weiter steigern. Bei einem Bericht informiert man hier möglichst **genau** über den Verlauf des Geschehens und beleuchtet die Frage: **wie?**
- Der **Schluss** bringt die Auflösung der Spannung. Wie die Einleitung sollte auch er gar nicht lang sein, er bringt die Geschichte möglichst treffend zum Abschluss oder rundet sie ab. Beim Bericht erfährt man mehr über die Gründe und Hintergründe des Ereignisses sowie über seine Folgen: **Warum** ist es so gewesen? · **Welche Folgen** haben die Ereignisse?

ÜBUNG 8 ★★★

Verbessere die hervorgehobenen Wendungen im folgenden Bericht. Schreibe in dein Übungsheft.

1. Am Samstag **hat** in der Jahnhalle ein Basketballspiel zwischen den Giants und den Mavericks **stattgefunden.**
2. Von Anfang an **spielten** beide Mannschaften **wie von einem anderen Stern.**
3. Die Giants **legten los wie der Blitz** und gingen nach einem Dreierwurf von John Meyer schon nach sieben Minuten mit 12:6 in Führung.
4. Aber das **haben** die Mavericks sich nicht **gefallen lassen,** durch besonderen läuferischen Einsatz und ein kluges Kombinationsspiel gelang ihnen schon bald der Ausgleich.
5. **Eine absolut überirdische Leistung** zeigte Ji Lan Hu, der Center der Mavericks.
6. Lange Zeit stand die Begegnung **Spitz auf Knopf.**
7. Am Ende siegten die Mavericks knapp mit 89:87, **dabei hatten sie aber unheimlich viel Glück gehabt,** weil das Spiel sehr ausgeglichen war.

TIPP Der Stil des Berichts

Man schreibt einen Bericht in einer klaren, nüchternen und **sachlichen Sprache.** Die Angaben sollten so genau wie möglich sein.
Der Radfahrer fuhr ~~wahnsinnig schnell~~. → **... mit einer Geschwindigkeit von etwa 25 km/h.**

2 Beschreibung und Charakterisierung

2.1 Die Beschreibung

ÜBUNG 1 ★☆☆

Bringe die Informationen in eine sinnvolle Reihenfolge, indem du sie nummerierst.

☐ a) Unter der Schreibfläche befinden sich zwei gleich große, rechteckige Regalfächer.

☐ b) Über den Fächern befindet sich eine Ablagefläche.

☐ c) Die Regalfächer sind 10 cm tief.

☐ d) Die 41 cm breite und 51 cm hohe Schreibfläche besteht aus schwarzem Schiefer.

☐ e) Die Tafel kann zum Schreiben kurzer Informationen und zum Ablegen kleiner Gegenstände genutzt werden.

☐ f) Im Folgenden beschreibe ich eine Schreibtafel mit Regalfächern.

☐ g) Sie sind aus dem gleichen dunklen Holz wie der Rahmen.

☐ h) Sie ist von einem 2 cm breiten Rahmen aus dunklem Holz umgeben.

☐ i) Die Tafel ist 45 cm breit und 63 cm hoch.

TIPP **Die Gegenstandsbeschreibung**

- Bei der Gegenstandsbeschreibung gibt man genaue Informationen zu **Größe, Farbgestaltung, Material** und **Funktion** eines Gegenstands.
- Im **Einleitungssatz** wird der Gegenstand genau benannt.
- Anschließend werden zunächst die **auffälligsten Merkmale,** dann die weiteren **wichtigen Eigenschaften** beschrieben.
- Ein kurzer **Schlusssatz,** z. B. zur Funktion des Gegenstands, rundet die Beschreibung ab.
- Die Gegenstandsbeschreibung steht immer im **Präsens.** Man schreibt in einer klaren und **sachlichen Sprache** mit einfachem Satzbau. Sachlich schreiben heißt: keine persönlichen Meinungen, Wertungen oder Deutungen.

ÜBUNG 2 ★★★

Kreuze jeweils die bessere der beiden Aussagen an und setze so eine gute Gegenstandsbeschreibung zusammen.

Ich beschreibe:

☐ eine Schreib- und Maltafel für Kinder.	☐ eine sehr schöne Kindertafel, auf der man toll malen kann.
☐ Die Tafel ist nicht besonders groß, damit kleine Kinder gut auf ihr malen können.	☐ Die Tafel ist insgesamt 1,19 Meter hoch. Die eigentliche Mal- oder Schreibfläche ist 43 cm breit und 55 cm hoch.
☐ Sie ist am besten für weiße Kreide, aber auch mit Gelb oder Hellgrün kann man auf ihr schreiben.	☐ Sie ist aus schwarzem Material hergestellt und kann sehr gut mit Kreide beschrieben werden.
☐ Um die Schreibfläche herum ist ein Rahmen aus hellem Holz. Die Tafel ist an einem Gestell mit vier Füßen befestigt. Dieses kann man zusammenklappen.	☐ Außerdem hat sie einen Rand und vier Füße aus hellem Holz, die man zusammenklappen und deshalb gut wegstellen kann.
☐ Ach ja, und dann ist da noch so eine Ablage, die ist rot und ist für Stifte und so.	☐ Auf der Höhe von etwa 45 cm befindet sich eine rote Ablagefläche für Kreide oder Schwamm, sie ist 43 cm breit und 25 cm tief.
☐ Die Tafel ist ziemlich gut für kleine Kinder, für mich aber nicht.	☐ Diese Schreib- und Maltafel scheint besonders für Kinder im Vor- und Grundschulalter geeignet zu sein.

ÜBUNG 3 ★★★

Setze in der folgenden Vorgangsbeschreibung die unterschiedlichen Satzanfänge ein.

danach · nun · daraufhin · zuerst · anschließend · zum Schluss

_____________ wird die Lampe ausgeschaltet. _____________ wird die Sicherung herausgedreht bzw. ausgeschaltet, da sonst die Gefahr eines Stromschlags besteht. ____________ löst man die defekte Glühlampe vorsichtig durch leichte Linksdrehung aus der Fassung. _________ wird die neue Glühlampe mit einer entsprechenden Rechtsdrehung eingeschraubt. _______________________ kann man die Sicherung wieder einsetzen. ________________ schaltet man das Licht wieder ein, um zu prüfen, ob die neue Glühlampe in Ordnung ist.

TIPP **Die Vorgangsbeschreibung**

- Man beginnt mit Informationen darüber, welche **Voraussetzungen** gegeben sein oder welche **Vorbereitungen** getroffen werden müssen, damit der Vorgang ablaufen kann.
- Dann beschreibt man die einzelnen **Handlungsschritte** der Reihe nach: Was muss man tun? Worauf muss man besonders achten?
  - Exakte Informationen und klare Handlungsanweisungen geben.
  - In einer einfachen und sachlichen Sprache schreiben.
  - Auf eine abwechslungsreiche sprachliche Gestaltung achten.
- Am **Ende** der Vorgangsbeschreibung steht eine kurze Information über den **Erfolg** oder das **Ergebnis** des Vorgangs.

ÜBUNG 4 ★☆☆

Beschreibe in fünf Sätzen, wie man Bratkartoffeln zubereitet. Verwende dazu die folgenden Informationen. Achte auf unterschiedliche Satzanfänge! Benutze dein Übungsheft.

Kartoffeln waschen, schälen und in Scheiben schneiden · 20 ml Öl erhitzen · Kartoffeln in das heiße Öl geben · nach Geschmack mit Salz, Pfeffer, Paprika würzen · goldgelb braten, dabei von Zeit zu Zeit wenden

ÜBUNG 5 ★☆☆

Die folgenden Sätze sind unterschiedlichen Beschreibungen entnommen. Wähle jeweils den besten Satz.

1. ☐ Die dargestellte Person wirkt irgendwie komisch.
   ☐ Der abgebildete Mann trägt außergewöhnlich bunte Kleidung.
   ☐ Der Mann hat komische Sachen an.
2. ☐ Zuerst muss man ein bisschen Butter in die Pfanne tun und sie heiß machen.
   ☐ Wenn man die Butter erhitzt, muss man darauf achten, dass die Platte nicht zu heiß ist.
   ☐ Zunächst gibt man 20 Gramm Butter in die Pfanne und lässt sie bei geringer Hitze zergehen.
3. ☐ Mit dem Handy kann man alles Mögliche machen, telefonieren, fotografieren und sonst noch allerhand.
   ☐ Das Handy ist sehr vielseitig, außer als Telefon kann man es auch als Digitalkamera sowie als Notizbuch und Terminkalender nutzen.
   ☐ Das Ding ist echt super, was man damit alles machen kann!

2.2 Die Charakterisierung

ÜBUNG 6 ★★★

Lies den folgenden Anfang der Erzählung „Immensee“ von Theodor Storm genau durch. Markiere alle Textstellen, die für eine Charakterisierung des „Alten“ wichtig sind.

Immensee

An einem Spätherbstnachmittage ging ein alter, wohlgekleideter Mann langsam die Straße hinab. Er schien von einem Spaziergange nach Hause zurückzukehren; denn seine Schnallenschuhe, die einer vorübergegangenen Mode angehörten, waren bestäubt. Den langen Rohrstock mit goldenem Knopf trug er unter dem Arm; mit seinen dunkeln Augen, in welche sich die ganze verlorene Jugend gerettet zu haben schien und welche eigentümlich von den schneeweißen Haaren abstachen, sah er ruhig umher oder in die Stadt hinab, welche im Abendsonnendufte vor ihm lag. – Er schien fast ein Fremder; denn von den Vorübergehenden grüßten ihn nur wenige, obgleich mancher unwillkürlich in diese ernsten Augen zu sehen gezwungen wurde. Endlich stand er vor einem hohen Giebelhause still, sah noch einmal in die Stadt hinaus und trat dann in die Hausdiele. Bei dem Schall der Türglocke wurde drinnen in der Stube von einem Guckfenster, welches nach der Diele hinausging, der grüne Vorhang weggeschoben und das Gesicht einer alten Frau dahinter sichtbar. Der Mann winkte ihr mit seinem Rohrstock. „Noch kein Licht!“, sagte er in einem etwas südlichen Akzent; und die Haushälterin ließ den Vorhang wieder fallen. Der Alte ging nun über die weite Hausdiele, dann durch einen Pesel [= „gute Stube“ in Bauernhäusern], wo große Eichschränke mit Porzellanvasen an den Wänden standen; durch die gegenüberstehende Tür trat er in einen kleinen Flur, von wo aus eine enge Treppe zu den oberen Zimmern des Hinterhauses führte. Er stieg sie langsam hinauf, schloss oben eine Tür auf und trat dann in ein mäßig großes Zimmer. Hier war es heimlich und still; die eine Wand war fast mit Repositorien und Bücherschränken bedeckt; an der andern hingen Bilder von Menschen und Gegenden; vor einem Tische mit grüner Decke, auf dem einzelne aufgeschlagene Bücher umherlagen, stand ein schwerfälliger Lehnstuhl mit rotem Sammetkissen. – Nachdem der Alte Hut und Stock in die Ecke gestellt hatte, setzte er sich in den Lehnstuhl und schien mit gefalteten Händen von seinem Spaziergange auszuruhen. – Wie er so saß, wurde es allmählich dunkler; endlich fiel ein Mondstrahl durch die Fensterscheiben auf die Gemälde an der Wand, und wie der helle Streif langsam weiterrückte, folgten die Augen des Mannes unwillkürlich. Nun trat er über ein kleines Bild in schlichtem, schwarzem Rahmen. „Elisabeth!“, sagte der Alte leise; und wie er das Wort gesprochen, war die Zeit verwandelt – er war in seiner Jugend.

TIPP **Was charakterisiert eine literarische Figur?**

Ein literarischer Charakter setzt sich aus verschiedenen **Merkmalen und Wesenszügen** zusammen und hat sowohl äußere als auch innere Merkmale.

- Zu den **äußeren Merkmalen** gehören:
  - Lebensdaten,
  - Aussehen, Gesamteindruck,
  - einzelne Körperteile, besondere Kennzeichen.
- Zu den **inneren Merkmalen** gehören:
  - Charaktereigenschaften, Verhaltensweisen, persönliche Eigenarten,
  - Verhalten gegenüber anderen Figuren,
  - Entwicklung einer Figur im Verlauf der Handlung (insbesondere im Roman).

ÜBUNG 7 ★★★

Trage deine markierten Informationen nun richtig ein.

Äußere Merkmale: ______________________________

____

____

____

____

Innere Merkmale: ______________________________

____

____

____

____

ÜBUNG 8 ★★★

Charakterisiere nun den „Alten" und schreibe den Text in dein Übungsheft. Denke daran, dass du als Hinführung zum Thema eine kurze Einleitung verfasst. Im Hauptteil beschreibst du die Figur ausführlich. Ähnlich wie im Originaltext kannst du zuerst die äußeren Merkmale herausarbeiten und deinen Blick dann auf die inneren Wesensmerkmale der Figur lenken. Formuliere zum Schluss deinen eigenen Eindruck.

ÜBUNG 9 ★★★

Lies dir den Auszug aus Goethes „Faust“ aufmerksam durch. Beantworte in deinem Heft die nachfolgenden Fragen, gib dabei die Zeilen an, auf die du dich beziehst.

Faust: „Habe nun, ach! Philosophie,
Juristerei und Medizin,
Und leider auch Theologie
Durchaus studiert, mit heißem Bemühn. […]
Heiße Magister, heiße Doktor gar,
Und ziehe schon an die zehen Jahr'
Herauf, herab und quer und krumm
Meine Schüler an der Nase herum –
Und sehe, dass wir nichts wissen können!
Das will mir schier das Herz verbrennen.
Zwar bin ich gescheiter als alle die Laffen,
Doktoren, Magister, Schreiber und Pfaffen,
Mich plagen keine Skrupel noch Zweifel,
Fürchte mich weder vor Hölle noch Teufel –
Dafür ist mir auch alle Freud' entrissen,
Bilde mir nicht ein, was Rechts zu wissen,
Die Menschen zu bessern und zu bekehren. […]
Auch hab' ich weder Gut noch Geld,
Noch Ehr' und Herrlichkeit der Welt;
Es möchte kein Hund so länger leben!
Drum hab' ich mich der Magie ergeben,
Ob mir durch Geistes Kraft und Mund
Nicht manch Geheimnis würde kund;
Dass ich nicht mehr mit sauerm Schweiß
Zu sagen brauche, was ich nicht weiß;
Dass ich erkenne, was die Welt
Im Innersten zusammenhält,
Schau alle Wirkenskraft und Samen
Und tu nicht mehr in Worten kramen.“

1. Was erfährst du über die Ausbildung des Faust?
2. Wie bewertet Faust die Wissensgebiete, denen er sich gewidmet hat?
3. Welche Tätigkeit übt Faust im Moment aus? Und wie lange macht er das bereits?
4. Welche Informationen enthält der Text über die äußeren Merkmale des Faust?
5. Welche Selbsteinschätzung hat Faust?
6. Mit welcher Tätigkeit ist Faust beschäftigt, während er diese Zeilen spricht?
7. Welches Verhalten legt Faust an den Tag?
8. Welche Rückschlüsse auf innere Merkmale des Faust lassen diese Zeilen zu?

3 Die Erörterung

3.1 Die freie Erörterung

ÜBUNG 1 ★☆☆

Unterstreiche die Themen rot, die linear erörtert werden sollen, und die Themen grün, die dialektisch erörtert werden sollen.

1. Wieso interessieren sich viele Jugendliche nicht für Politik?
2. Sollten Eltern auf die Freizeitgestaltung ihrer Kinder Einfluss nehmen – ja oder nein?
3. Sollte man Werbung im Fernsehen verbieten? Erörtere das Für und Wider.
4. Sollte die Wehrpflicht/der Zivildienst auch für Mädchen eingeführt werden?
5. Weshalb sollte man seine Berufswahl sehr sorgfältig angehen?
6. Erörtere die Frage, ob jeder Schüler einen Nebenjob ausüben sollte.
7. Warum sind viele Jugendliche heutzutage gepierct oder tätowiert?
8. Ist eine Wahlberechtigung schon mit 16 Jahren sinnvoll?
9. Was können wir gegen die zunehmende Fremdenfeindlichkeit tun?
10. Sollte jeder Schüler einen Internetzugang besitzen? Erörtere das Für und Wider.

TIPP **Die verschiedenen Arten der Erörterung**

Die Erörterung ist eine **schriftliche Form der Argumentation** – ein Abwägen von Gründen und Gegengründen, um zu einer offenen Frage oder zu einem Thema Stellung zu nehmen. Dabei wird zwischen einer textgebundenen und einer freien Erörterung unterschieden.

- **Textgebundene Erörterung:**
  Erörtere auf der Grundlage des folgenden Berichts die Vor- und Nachteile der Ganztagsschule.
- **Freie Erörterung:**
  „Wer länger in der Schule ist, lernt auch mehr!" – Die Vor- und Nachteile der Ganztagsschule

Bei einer freien Erörterung soll eine eigene Meinung zu einem Thema begründet und unabhängig von einer Textvorlage formuliert werden. Die Begründung erfolgt mithilfe von stichhaltigen Argumenten, die sinnvoll angeordnet werden. Dabei gibt es zwei Möglichkeiten:

- die **lineare Erörterung** (↑ Tipp, S. 127) und
- die **dialektische Erörterung** (Pro und Kontra: ↑ Tipp, S. 128).

ÜBUNG 2 ★☆☆

Thema: „Nahezu jeder Jugendliche besitzt ein Handy. Erörtere die Vor- und Nachteile." Dazu findest du unten vier Pro- und vier Kontra-Argumente in Stichworten. Kreuze jeweils das zutreffende Kästchen an.

	Pro	Kontra
1. Kontrolle der Eltern über Aufenthalt ihrer Kinder	☐	☐
2. Kostenfalle	☐	☐
3. Notfälle	☐	☐
4. Zeitsparend	☐	☐
5. Mediensucht	☐	☐
6. Verfall der Rechtschreibung	☐	☐
7. Kostengünstiges Wählen bestimmter Rufnummern	☐	☐
8. Jugendgefährdende Inhalte	☐	☐

TIPP **Die lineare Erörterung**

In einer linearen Erörterung werden die Argumente nach ihrer Wichtigkeit steigernd aneinandergereiht. Das schlagkräftigste Argument nennt man am besten zum Schluss. In der Fragestellung (meistens W-Fragen) wird die Darstellung einer Seite des Sachverhalts verlangt oder nach einer eigenen Meinung gefragt, die man durch Argumente begründen und belegen muss.

Der **Aufbau** einer linearen Erörterung:

- **Einleitung:** In ihr beschreibt man das Thema. Um das Interesse des Lesers zu wecken, kann man auf aktuelle Situationen, ein persönliches Erlebnis oder ein Zitat zurückgreifen.
- **Hauptteil:** In ihm werden die Argumente dargelegt. Diese ordnet man vom weniger Wichtigen zum Wichtigsten. Jedes Argument setzt sich aus einer **Behauptung,** einer **Begründung** und einem **Beispiel** zusammen. Um ein Argument mit dem nächsten zu verknüpfen, formuliert man einen **Überleitungssatz.**
- **Schlussteil:** In ihm fasst man die wesentlichen Argumente nochmals kurz zusammen, indem man ein Fazit zieht oder einen Ausblick gibt.

ÜBUNG 3 ★☆☆

Formuliere die Argumente in Übung 2 aus. Schreibe sie, getrennt nach Pro und Kontra sowie geordnet vom weniger wichtigen zum wichtigsten Argument, in dein Übungsheft.

TIPP Die dialektische Erörterung

In einer dialektischen, auch **antithetisch** genannten Erörterung werden unterschiedliche Standpunkte einander gegenübergestellt.

- In der **Einleitung** formuliert man zuerst das Thema, dann benennt man die gegensätzlichen Positionen oder Standpunkte.
- Im **Hauptteil** stehen die Argumente sowie Begründungen und stützende Beispiele, die man entweder im Block gegenüberstellen oder wechselseitig anordnen kann.
  Wird **im Block** argumentiert, dann werden alle Argumente, die den Kontra-Standpunkt stützen, mit abnehmender Wichtigkeit hintereinander angeordnet. Auf die Überleitung folgen dann alle Argumente, die den Pro-Standpunkt stützen. Diese werden mit zunehmender Wichtigkeit hintereinander angeordnet, sodass das stichhaltigste Argument am Ende steht. Bei **wechselnder Anordnung** der Argumente folgt auf Argument 1, das den Pro-Standpunkt stützt, sogleich Gegenargument 1 für den Kontra-Standpunkt. Auf Argument 2 folgt dann Gegenargument 2 usw.
- Im **Schlussteil** wird ein Fazit gezogen, d. h., man entscheidet sich entweder für die Pro- oder für die Kontra-Argumentation und begründet seine Meinung. Man kann auch einen sinnvollen Kompromiss formulieren.

ÜBUNG 4 ★★☆

Schreibe zu deinen zwei wichtigsten Pro- und Kontra-Argumenten aus Übung 3 je eine Behauptung, eine Begründung und ein Beispiel in die Tabelle.

Pro-Argumente: Behauptung	**Begründung**	**Beispiel**
______ ______ ______ ______	______ ______ ______ ______	______ ______ ______ ______
Kontra-Argumente: Behauptung	**Begründung**	**Beispiel**
______ ______ ______ ______	______ ______ ______ ______	______ ______ ______ ______

ÜBUNG 5 ★★☆

Welcher Einleitungssatz zum Thema „Nahezu jeder Jugendliche besitzt ein Handy. Erörtere die Vor- und Nachteile" ist passend? Kreuze ihn an und begründe deine Antwort.

- ☐ Gestern erzählte mir meine Freundin, dass sie sich ein neues Handy gekauft hat.
- ☐ Vor Kurzem veröffentlichte das Landesamt für Datenverarbeitung und Statistik in Nordrhein-Westfalen eine Statistik, aus der hervorgeht, dass neun von zehn Jugendlichen im Alter von 14 bis 17 Jahren ein Handy besitzen.
- ☐ Ich frage mich schon lange, wieso nahezu alle Jugendlichen so wild auf ein Handy sind.
- ☐ Letzte Woche nahm unser Klassenlehrer einem Mitschüler das Handy weg, weil es während der Stunde geklingelt hatte.

Begründung: ____

____

____

ÜBUNG 6 ★★★

Formuliere einen Schluss zur Erörterung „Nahezu jeder Jugendliche besitzt ein Handy. Erörtere die Vor- und Nachteile" und schreibe diesen in dein Übungsheft.

ÜBUNG 7 ★★★

Suche für folgende Thesen jeweils drei Argumente. Stelle das überzeugungsstärkste Argument an den Anfang. Schreibe in dein Übungsheft.

1. Allen Schülerinnen und Schülern sollte in der Schule ein Internetzugang zur Verfügung stehen.
2. Jede Schülerin und jeder Schüler sollte sich für die Arbeit der Schülervertretung interessieren und sie nach Kräften unterstützen.
3. In jeder Schule sollte es eine Cafeteria geben, in der man sich ein gesundes Frühstück kaufen kann.

3.2 Die textgebundene Erörterung

ÜBUNG 8 ★★★

Welche Formulierungen eignen sich jeweils für die Einleitung, den Hauptteil oder den Schluss einer Erörterung?

1. Ein weiteres stichhaltiges Argument ist die Tatsache, ... → ____________________
2. Auch Prof. Dr. Müller, Experte auf diesem Gebiet, vertritt die Ansicht, ... → ____________________
3. Als Konsequenz aus den genannten Argumenten ergibt sich, ... → ____________________
4. Zusätzlich ist festzuhalten, ... → ____________________
5. Als Kompromiss schlage ich daher vor, ... → ____________________
6. Der vorliegende Text trägt die Überschrift ... und thematisiert den Sachverhalt, dass ... → ____________________
7. Dabei ist auch zu bedenken, ... → ____________________
8. Abschließend möchte ich argumentieren, ... → ____________________
9. Diese Argumentation lässt also das folgende Fazit zu: ... → ____________________

ÜBUNG 9 ★★★

Lies dir den folgenden Text gründlich durch. Markiere die Hauptthese sowie die Argumente, die diese These stützen.

Erleben statt Belehren

Gesellschaftliche Trends und ihr Spiegelbild im Bilderbuch

Ein Abenteuer erleben, auf eine Reise gehen, einen Bauernhof entdecken oder Freundschaft erfahren – ein Buch, auch ein Bilderbuch, nimmt seinen Leser mit in ein bis dato unbekanntes Land. Eine solche Lesereise kann spannend und abenteuerlich und lustig oder traurig sein, und manchmal hat eine Geschichte auch von all dem nur ein bisschen. Bücher bereichern das Leben, zwischen Cover und Buchrückseite steckt mehr als nur ein paar bedruckte Seiten Papier, und die Möglichkeiten, ein Buch zu gestalten, sind so zahlreich, dass man jede Zielgruppe und jedes Alter ansprechend mit Lesestoff versorgen kann.

Wie wichtig Bücher auch für Kinder sind und welche Möglichkeiten sie bergen, das hat der Frankfurter Arzt Heinrich Hoffmann schon im Jahre 1845 erkannt: Der von ihm geschaffene „Struwwelpeter“ ist das erste Bilderbuch, das sich ganz gezielt an Kleinkinder wendet. Im

Vordergrund eines Bilderbuchtextes stehen anfänglich ganz klar erzieherische Motive, muss der „Struwwelpeter" doch gar drastische Strafen hinnehmen. Ganz egal, ob es um Fragen nach dem richtigen Benehmen, um Verhaltensregeln im Straßenverkehr oder um so schwierige Themen wie Aufklärung, Misshandlung oder Missbrauch geht – Eltern greifen gerne zu Büchern, um ihren Kindern so manch schwieriges Thema zu vermitteln. Auch heute, 160 Jahre nach dem „Struwwelpeter", gibt es sie immer noch, Bücher, die erzieherische Fragen thematisieren und moralische Vorstellungen vermitteln.

Zum Glück aber ist ein modernes Bilderbuch heute viel, viel mehr: Der Markt lässt eine große thematische und stilistische Vielfalt zu. Dabei richten sich die sog. Pappbücher, die aus kartoniertem Papier bestehen, schon an Babys ab ca. neun Monaten und leisten wertvolle Dienste dabei, den Nachwuchs für das Medium Buch zu gewinnen. Im Alter von circa drei Jahren dann ist der Nachwuchs in der Lage, nicht nur Bilder, sondern auch erzählende Texte aufzunehmen und gedanklich zu verarbeiten. Bilderbücher leisten dabei einen wertvollen Beitrag zur frühkindlichen Förderung: Sie sind der Schlüssel zu neuen Welten, fördern die sprachliche Ausdrucksfähigkeit, geben der kindlichen Fantasie zahlreiche Anregungen und schulen die ästhetische Wahrnehmung – Basis also einer frühkindlichen Förderung.

Ein „klassisches" Bilderbuch richtet sich dabei an Kinder zwischen drei und sechs Jahren, es ist oft großformatig, und die Illustrationen dominieren den Text. Die Akzeptanz von Bilderbüchern in Deutschland allerdings könnte größer sein, als sie ist. Die Arbeitsgemeinschaft von Jugendbuchverlagen (AvJ) in Stuttgart belegt diese Feststellung mit folgendem Fakt: Im Jahre 2004 wurden in Deutschland 1,4 Millionen Bilderbücher verkauft; da zurzeit 4,5 Millionen Kinder unter sechs Jahren in der Bundesrepublik leben, lässt sich errechnen, dass somit pro Kind gerade mal 0,3 Bilderbücher erworben wurden. Besonders bedauerlich ist dabei die Tatsache, dass sich das allgemeine Interesse auf immer weniger Spitzentitel konzentriert. Schade eigentlich, denn so verkommt viel Potenzial. Schließlich stecken im Bilderbuch, wie oben aufgeführt, zahlreiche Bildungschancen.

Von unserer Mitarbeiterin Birgit Hock

TIPP **Aufbau einer textgebundenen Erörterung**

Eine textgebundene Erörterung bezieht sich auf einen Zeitungsartikel oder eine andere Textvorlage, die eine strittige Frage behandelt. Diese **Textvorlage** muss man zuerst **erschließen.** Dazu muss man den Text genau durchlesen und unklare Wörter und Begriffe nachschlagen. Dann sollte man mit Hilfe von Textmarkern oder Notizen zentrale Aussagen kenntlich machen.

- In der **Einleitung** nennt man das Thema und formuliert bzw. erklärt die im Text dargelegte Meinung.
- Im **Hauptteil** gibt man die **Argumentation** des Autors genau wieder und erläutert diese. Erst im Anschluss daran setzt man sich mit diesen Argumenten **kritisch** auseinander, indem man stützende oder gegensätzliche Argumente zur These anführt.
- Zum **Schluss** fasst man die wichtigsten Punkte des Hauptteils knapp zusammen und schreibt eine eigene Stellungnahme.

ÜBUNG 10 ★★★

Schreibe die Einleitung für eine textgebundene Erörterung zu dem Text „Erleben statt Belehren“ aus Übung 9.

____

____

____

____

ÜBUNG 11 ★★★

Notiere die These des Textes aus Übung 9 und die dazugehörigen Argumente stichwortartig. Löse dich dabei von der Wortwahl der Autorin.

These: ____

Argumente: ____

____

____

____

____

ÜBUNG 12 ★★★

Fasse zusammen: Welche Bedeutung haben Bilderbücher für die Entwicklung eines Kindes? Stütze dich dabei ausschließlich auf den Text „Erleben statt Belehren“ aus Übung 9.

____

____

____

____

____

____

ÜBUNG 13 ★★★

Fallen dir weitere Argumente zu dem Thema ein? Notiere sie hier.

Ergänzende Argumente	Gegenargumente

ÜBUNG 14 ★★★

Schau dir nun die Liste aus Übung 13 genau an und formuliere ein Fazit für deine textgebundene Erörterung zu dem Text „Erleben statt Belehren“.

ÜBUNG 15 ★★★

Vom Bilderbuch zum Buch, vom Vorlesen zum Selbstlesen: Überlege, welche der bisher genannten Argumente nicht nur auf das Lesen von Bilderbüchern zutreffen, sondern die Bedeutung des Lesens im Allgemeinen hervorheben. Schreibe sie in dein Übungsheft.

4 Textanalyse und Interpretation

4.1 Die Textanalyse

ÜBUNG 1 ★☆☆

Lies den folgenden Text gründlich durch, markiere wichtige Stellen und unterstreiche die Hauptthese. Notiere dir ggf. Stichwörter am Rand.

Übermäßiger Alkoholgenuss der Deutschen
BERLIN „Immer mehr Menschen trinken und rauchen sich krank", stellt die Deutsche Hauptstelle für Suchtfragen fest. In ihren jüngsten Statistiken weist sie darauf hin, dass in Deutschland mehr Alkohol getrunken wird als in den meisten anderen Ländern der Welt. Laut den Angaben, wie sie sich im jüngsten Jahrbuch der Suchthilfeexperten nachlesen lassen, werden in Deutschland jährlich pro Kopf 145,5 Liter alkoholischer Getränke konsumiert, davon hauptsächlich Bier. Der Verbrauch von reinem Alkohol beträgt damit im Durchschnitt mehr als zehn Liter im Jahr. Die Deutsche Hauptstelle für Suchtfragen schlägt vor, alkoholische Getränke höher zu besteuern und den Verkauf einzuschränken. Die ständige Verfügbarkeit von Alkohol und anderen Genussmitteln führt zu immensen Folgekosten, z. B. im Gesundheitswesen.
Ebenso wie der Alkoholkonsum hat auch der Tabakkonsum in Deutschland erschreckende Ausmaße: Laut Statistik sterben in Deutschland mehr als 140 000 Menschen jährlich an den Folgen des Rauchens.

ÜBUNG 2 ★★☆

Nun kannst du damit anfangen, den Text zu analysieren. Verfasse zuerst eine Einleitung in deinem Übungsheft.

TIPP Die Vorgehensweise bei der Textanalyse

Ziel einer Textanalyse ist es, die Besonderheiten und die bestimmenden Merkmale eines Textes zu erfassen und herauszuarbeiten – in der Regel in Form einer **Erörterung** (↑ S. 127 ff.).

Um die Struktur (den Aufbau) eines Textes zu erfassen, steht zuerst die Frage nach der **Hauptaussage** im Mittelpunkt. Diese kann man herausarbeiten, indem man
① die Art der Darstellung untersucht,
② analysiert, welche Art von Argumenten verwendet wird,
③ die sprachliche Gestaltung des Textes näher betrachtet.

Am Schluss einer Analyse zieht man ein **Fazit** und gibt eine Bewertung ab.

ÜBUNG 3 ★★★

Formuliere jetzt die Hauptthese in eigenen Worten in deinem Übungsheft.

ÜBUNG 4 ★★★

Der Text enthält nur wenige Argumente, die die Hauptthese stützen. Überlege dir weitere Argumente.

Pro	Kontra
______________________	______________________
______________________	______________________
______________________	______________________
______________________	______________________
______________________	______________________
______________________	______________________

TIPP Die Unterschiede zwischen Textanalyse und -interpretation

Eine Textinterpretation geht über eine Textanalyse hinaus: Zunächst werden ebenfalls die strukturellen, formalen und stilistischen Besonderheiten eines Textes erfasst und benannt. Dann aber werden diese Besonderheiten hinsichtlich ihrer Funktion oder Bedeutung für den jeweiligen Text bewertet (interpretiert). Die Interpretation stützt sich immer auf die Ergebnisse einer vorangegangenen Textanalyse und formuliert Rückschlüsse und Textbezüge, die die Schlussfolgerungen erklären. Gegenstand einer Interpretation sind meist literarische Texte.

Dadurch, dass der Autor oder die Autorin des Romans an vielen Stellen das Geschehen dialogisch vorantreibt *(formale Textanalyse)*, wird eine besondere Lebendigkeit erreicht. Diese Lebendigkeit macht den Text für den Leser interessant und spannend, er fühlt mit den Figuren mit *(Textinterpretation)*.

ÜBUNG 5 ★★★

Deine Textanalyse ist nun fast fertig. Fällt dir auf, welche zwei wesentlichen Teile noch fehlen, damit du alles zu einem kompletten Aufsatz zusammensetzen kannst? Ergänze diese beiden Teile und schreibe in dein Übungsheft.

4.2 Die Textinterpretation

ÜBUNG 6 ★☆☆

Lies dir das Gedicht „Gefunden“ von Johann Wolfgang von Goethe gut durch. Worum geht es? Erstelle in deinem Übungsheft eine Mindmap.

Gefunden

Ich ging im Walde
So für mich hin,
Und nichts zu suchen,
Das war mein Sinn.

Im Schatten sah ich,
Ein Blümchen stehn,
Wie Sterne leuchtend,
Wie Äuglein schön.

Ich wollt es brechen,
Da sagt' es fein:
Soll ich zum Welken
Gebrochen sein?

Ich grubs mit allen
Den Würzlein aus,
Zum Garten trug ichs
Am hübschen Haus.

Und pflanzt es wieder
Am stillen Ort;
Nun zweigt es immer
Und blüht so fort.

TIPP Die Gliederung einer Textinterpretation

Die Textinterpretation beinhaltet die Wiedergabe des **Textinhalts** (Inhaltsangabe), die Beschreibung der **Darstellungsmittel** sowie die Beschreibung des **Zusammenhangs** zwischen Inhalt und Darstellungsmitteln.
Der Textinterpretation liegt ein festes **Gliederungsschema** zugrunde. Dieses ist prinzipiell auf jeden Text anwendbar, muss aber dessen Besonderheiten berücksichtigen:

① **Einleitung** (Inhaltsangabe)
■ Angaben zu Textart, Titel, Autor und Thema; ■ Kurze Wiedergabe des Inhalts

② **Hauptteil**
■ Darstellungsmittel; ■ Äußere (optische) Form; ■ Innere Form (Reim, Metrum); ■ Wer spricht im Text (Perspektive) und/oder wer wird angesprochen?; ■ Sprachliche Bilder/stilistische Figuren; ■ Zusammenhang zwischen Inhalt und Darstellungsmitteln

③ **Schluss**
■ Aussageabsicht des Verfassers; ■ Stellungnahme zum Inhalt oder zu einzelnen Aussagen

ÜBUNG 7 ★★☆

Wende dich nun den Darstellungsmitteln des Gedichts „Gefunden“ aus Übung 6 zu, indem du die Felder ausfüllst.

1. Anzahl Strophen: ____________________

2. Metrum: ______________________
3. Erzählperspektive: ______________________
4. Auffälligkeiten im Satzbau? ______________________
5. Besonderheit in äußerer Form? ______________________
6. Zeichensetzung: ______________________
7. Anzahl Verse: ______________________
8. Reimschema: ______________________

TIPP **Sprachliche Bilder und stilistische Figuren**

Vergleich	stellt eine Beziehung her: schlau **wie** ein Fuchs
Metapher	Wörter in übertragener Bedeutung: Mich erfüllt ein Wirbelsturm!
Euphemismus	die verhüllende Umschreibung eines unangenehmen oder sonst zu vermeidenden Begriffs: beseitigen statt umbringen
Personifikation	Dinge oder Tiere mit menschlichen Verhaltensweisen: Die Rehlein beten.
Allegorie	Veranschaulichung eines abstrakten Begriffs durch ein Bild: „Gerechtigkeit" als Frau mit verbundenen Augen und Waage in der Hand
Anapher	Wiederholung eines Wortes am Satzanfang: „Halb neun! Halb zehn! Halb elf!"
Symbol	wahrnehmbares, anschauliches Zeichen oder Sinnbild für etwas, was eigentlich nicht anschaulich zu machen ist: Taube – Symbol für den Frieden

ÜBUNG 8 ★★☆

Welche sprachlichen Bilder werden in dem Gedicht „Gefunden" verwendet? Schreibe in dein Übungsheft.

ÜBUNG 9 ★★☆

Ordne die Darstellungsmittel nach der Reihenfolge in der Gliederung (↑ Tipp, S. 136) und schreibe sie als zweiten Gliederungsabschnitt nummeriert in dein Übungsheft. Ergänze dabei die sprachlichen Bilder um je ein Beispiel.

ÜBUNG 10 ★★★

Lies die folgende Hintergrundinformation über die damalige Zeit, auf die Goethe das Gedicht „Gefunden" aus Übung 6 bezieht (1788). Kannst du nun erklären, was der Dichter in seinem Gedicht ausdrücken möchte?

Goethe lernte seine spätere Frau Christiane Vulpius im Jahre 1788 kennen. Fünfzehn Jahre danach schrieb er das Gedicht „Gefunden".
Dass Goethe sich damals in Christiane verliebte, sorgte für bösen Klatsch und Tratsch in der Weimarer Hofgesellschaft. Christiane war nämlich ein Mädchen aus sehr einfachem Hause, eine Blumenbinderin, während Goethe dem Adelsstand angehörte. Doch auch für Christiane war es nicht einfach. Sie hatte Angst, dass Goethe ihre Beziehung nur als Spiel betrachten könnte und sie schnell wieder verlassen würde. Außereheliche Affären waren damals für die Frau sehr rufschädigend. Achtzehn Jahre lang lebten sie in Goethes Haus zusammen, ohne verheiratet zu sein. Sie hatten mehrere Kinder miteinander. Erst dann heirateten sie.

____

____

____

____

____

____

ÜBUNG 11 ★★★

Übertrage die Bedeutung des Gedichts nun auf die Situation zwischen Goethe und Christiane (vgl. Übung 10). Schreibe zu den hervorgehobenen Wörtern, was Goethe damit gemeint haben könnte. Die Fragen helfen dir dabei.

Gefunden 1. Wen? ______________________________

Ich ging im Walde
So für mich hin,
Und nichts zu suchen,
Das war mein Sinn.

Im Schatten sah ich,
Ein **Blümchen** stehn, 2. Wer ist gemeint? ______________________________
Wie Sterne leuchtend,
Wie Äuglein schön.

Ich wollt es brechen,
Da sagt' es fein: — 3. Wovor hat sie Angst? ______________________
Soll ich zum Welken
Gebrochen sein? — 4. Was würde passieren? ______________________

Ich grubs mit allen
Den Würzlein aus,
Zum Garten trug ichs — 5. Was macht Goethe mit ihr? ______________________
Am hübschen Haus.

Und **pflanzt es wieder** — 6. Wofür steht dieser Ausdruck? ______________________
Am stillen Ort;
Nun **zweigt es immer** — 7. Was könnte das bedeuten? ______________________
Und blüht so fort.

ÜBUNG 12 ★★★

Formuliere den Zusammenhang zwischen Inhalt und Darstellungsmitteln als Punkt 2.2 deiner Gliederung aus. Verwende dabei deine Ergebnisse aus den Übungen 7, 8 und 11. Schreibe in dein Übungsheft.

ÜBUNG 13 ★★★

Nimm in deinem Übungsheft Stellung zum Gedicht „Gefunden" von Johann Wolfgang von Goethe.

TIPP **Der Inhalt einer Textinterpretation**

- In der **Einleitung** der Textinterpretation werden der Verfasser und der Titel des Textes genannt und, wenn möglich, zusätzliche Informationen gegeben.
- Im **Hauptteil** einer Textinterpretation kann man je nach Werk näher eingehen auf:
  - **Erzählperspektive** (Er-Erzähler, Ich-Erzähler); dabei ist der **Erzähler** eine vom Autor erfundene Figur, die zwischen der fiktionalen Welt der Erzählung und der Welt des Lesers vermittelt;
  - **Figurenrede** (direkte Rede, indirekte Rede, innerer Monolog);
  - **Erzählzeit** und **erzählte Zeit** (Zeitraffung, Zeitdehnung, Rückblenden, Vorausdeutungen);
  - **Raum** (Handlungsort, Schauplatz, Schauplatzwechsel).
- Am **Schluss** fasst man die Ergebnisse knapp zusammen und zieht ein Fazit, nach Möglichkeit mit einem Kommentar und einer eigenen Bewertung des Werkes.

LÖSUNGEN

GRAMMATIK

1 Die Wortarten

Ü 1

vgl. Ü 2

Ü 2

Peter, Daniel, Eva, die Großmutter, die Klingel, der Nachmittag, das Warten, die Oma, das Ende, die Liebe, die Kinder, der Kuchen, das Haus, das Kleid, die Enkel, die Geschenke, die Tür

Ü 3

einen – Der – einen – Der – eine – einen – Der – einem – der – den – ein – dem – eine – die – eine

Ü 4

die Pizzen/Pizzas – die Alben – die Figuren – die Babys – die Firmen – die Drosseln – die Späße – die Messer – die Zwiebacke/Zwiebäcke – die Ängste

Ü 5

Singular:	**Maskulinum**	**Femininum**	**Neutrum**
Nominativ	der Staat	die Frau	das Bild
Genitiv	des Staat(e)s	der Frau	des Bildes
Dativ	dem Staat(e)	der Frau	dem Bild
Akkusativ	den Staat	die Frau	das Bild
Plural:			
Nominativ	die Staaten	die Frauen	die Bilder
Genitiv	der Staaten	der Frauen	der Bilder
Dativ	den Staaten	den Frauen	den Bildern
Akkusativ	die Staaten	die Frauen	die Bilder

Ü 6

auf -e: Fische, Beine, Scherze, Dinge, Ringe, Stifte, Zweige, Schweine, Hunde usw.
auf -(e)n: Ohren, Herzen; Katzen, Kerzen, Klingen, Gabeln, Fabeln, Blumen usw.
auf -er: Kinder, Rinder, Bilder, Felder, Bretter usw.
auf -s: Omas, Autos, Handys, Babys usw.
mit Umlaut: Büsche, Bücher, Gänse, Räder, Blätter, Tücher, Bäume, Dächer, Körbe, Vögel usw.
Pluralform = Singularform: Messer, Löffel, Eimer, Mädchen, Gürtel usw.

Ü 7

1. dem Nikolaus: Maskulinum, Singular, Dativ;
2. der Nikolaus: Maskulinum, Singular, Nominativ – **Freundin:** Femininum, Singular, Dativ – **das Geschenk:** Neutrum, Singular, Akkusativ;
3. Bruder: Maskulinum, Singular, Dativ – **eine Rute:** Femininum, Singular, Akkusativ

Ü 8

witziger Wörter (Genitiv) – seinen Ohren (Dativ) – den Spitznamen (Akkusativ) – Den Hausmeister (Akkusativ) – jede Kleinigkeit (Akkusativ) – seinen Späßen (Dativ) – den Spitznamen (Akkusativ) – Sein Vater (Nominativ) – seiner dummen Scherze (Genitiv) – schlechte Noten (Akkusativ)

Ü 9

1. Großen, Ganzen: Adjektiv; **2.** Gebasteltes: Partizip; **3.** Laufen: Verb; **4.** Gutes, Schlechtes: Adjektiv; **5.** Suchen: Verb; **6.** Niemand, Jemand: Pronomen; **7.** Diesseits, Jenseits: Präposition

Ü 10

Das solltest du unterstrichen haben:
1. Deine; **2.** viel – wenig; **3.** Das; **4.** das; **5.** ein – eine; **6.** etwas; **7.** langem

Ü 11

Handlung: arbeiten, bauen, spielen, singen;
Vorgang: fallen, sinken, regnen, wachsen;
Zustand: bleiben, liegen, sein, wohnen

Ü 12

wir gehen: 1. Pers. Pl.; **er/sie/es malt:** 3. Pers. Sg.; **ihr segelt:** 2. Pers. Pl.; **sie bauen:** 3. Pers. Pl.; **ich grabe:** 1. Pers. Sg.; **du telefonierst:** 2. Pers. Sg.

Ü 13

sie schreiben; ihr singt; ich höre; er/sie/es schläft; wir gähnen; du spielst

Ü 14

T															
E	K	O	N	J	U	G	I	E	R	E	N			S	
M		E	I	N	F	I	N	I	T	I	V			U	
P			F	U	T	U	R							R	
U		P	A	R	T	I	Z	I	P					E	
S				P	E	R	F	E	K	T				M	
						P	R	Ä	T	E	R	I	T	U	M
					L		M							N	
				U	Ä			A							
			R			P			U						
		A				E				Q					
	L				P	R	Ä	S	E	N	S				
						S		S	I	N	G	U	L	A	R
						O							L		
						N								P	

Ü 15

1. du hattest geschwiegen: Plusquamperfekt 2. Person Singular; **2.** wir lachen: Präsens 1. Person Plural; **3.** er schwieg: Präteritum 3. Person Singular; **4.** ich werde kommen: Futur I 1. Person Singular; **5.** sie werden genommen haben: Futur II 3. Person Plural; **6.** sie hat gesungen: Perfekt 3. Person Singular

Ü 16

gekauft hatten – hörten – machten – glaubten – eingezogen waren – gab – kamen – durchsuchte – fand – vergangen war – beschloss – legte – gewartet hatte – ging – zuckte – begann – vergangen waren – sah – musste – war – gefunden hatte

Ü 17

1. mag; **2.** Magst; **3.** mag; **4.** Möchtest – mag; **5.** möchte – mag

Ü 18

1. Verbot; **2.** Fähigkeit; **3.** Wunsch; **4.** Absicht; **5.** Gebot

Ü 19

1. Indikativ – Der Satz bedeutet, dass Tom tatsächlich in der Schule ist. (Der Sachverhalt ist gegeben.)
2. Konjunktiv I – Der Satz bedeutet, dass es nicht ganz sicher ist, dass Tom in der Schule ist. (Der Sachverhalt ist nicht unbedingt gegeben. Man weiß nicht, ob die Mutter selbst daran glaubt, doch sie sagt dies vor anderen.)
3. Konjunktiv II – Der Satz bedeutet, dass die Mutter weiß, dass Tom nicht in der Schule ist, z. B. weil er krank ist („Nichtwirklichkeit"). Sonst wäre er dort.
4. Indikativ – Der Satz bedeutet, dass Tom tatsächlich in der Schule war. (Der Sachverhalt ist gegeben.)

Ü 20

2. Das sei klasse, man treffe dort immer Freundinnen. **3.** Heute seien Helen und Claire da gewesen. Sie hofft, sie kämen morgen wieder. **4.** Das Schwimmbad sei sehr groß, aber bis vor Kurzem sei der Innenbereich geschlossen gewesen, weil es einen Brand gegeben habe. **5.** Wenn der Bademeister gute Laune habe, lasse er viele Spielelemente ins Wasser. **6.** Bald werde er eine Schwimminsel besorgen, die dann fest installiert werde. **7.** Das Schwimmbad werde aber auch von Vereinen genutzt, weil es ein 50-Meter-Becken … habe.

Ü 21

1. Es sieht so aus, als ob es mit ihm wieder bergauf ginge. **2.** Er benimmt sich hier, als wäre er der Herr des Hauses. **3.** Tu doch nicht so, als ob du nicht wüsstest, worum es hier geht. **4.** Im Traum war mir, als führe ich auf einem Motorrad einen endlos steilen Abhang hinunter und könnte nicht mehr bremsen. **5.** Es schien mir, als ob ihn meine Bemerkung nachdenklich gestimmt hätte.

Ü 22

er/sie/es fährt – fahre – fuhr – führe; du bist – du seist – du warst – du wärest; ihr tragt – ihr traget – ihr trugt – ihr trüget; ihr lauft – ihr laufet – ihr lieft – ihr liefet; er/sie/es soll – solle – sollte – sollte; wir sprechen – wir sprechen – wir sprachen – wir sprächen; sie werden – sie werden – sie wurden – sie würden; ich steige – ich steige – ich stieg – ich stiege; du hast – du habest – du hattest – du hättest; sie bleiben – sie bleiben – sie blieben – sie blieben; ich bin – ich sei – ich war – ich wäre; wir haben – wir haben – wir hatten – wir hätten

Ü 23

wir hatten geküsst – wir waren geküsst worden; sie werden gelegt haben – sie werden gelegt worden sein; ich habe gerufen – ich bin gerufen worden; ihr untersucht – ihr werdet untersucht; er/sie/es wird zählen – er/sie/es wird gezählt werden

Ü 24

Lösungsvorschlag: Gestern ist am frühen Morgen die Sparkasse in der Hamburger Innenstadt überfallen worden. Kurz nach der Öffnung drangen gegen Viertel nach acht zwei vermummte Gangster in die Bank ein. Der Kassierer und zwei Bankangestellte wurden gefesselt und als Geiseln genommen. Der Bankdirektor wurde gezwungen, den Tresor zu öffnen. Die Gangster steckten die Beute, ungefähr 100 000 Euro, in eine schwarze Ledertasche und flohen unerkannt. Der gesamte Vorfall dauerte nur wenige Minuten und wurde von der Überwachungskamera in der Bank aufgenommen.

Ü 25

Positiv, Komparativ, Superlativ: trüb, trüber, am trübsten; früh, früher, am frühesten; fein, feiner, am feinsten

Ü 26

bestes (*von:* gut) Kleid – unverheiratete Tante – fernen Afrika – leckeren Kuchen – verwilderten Vorgarten – vielen Jahren – benachteiligten Kindern – langes Gesicht – große Schwester – mehr (*von:* viel) Zeit – fantastische Pläne – neue Schule – wenigen Monaten – anstrengenden, aber sicher erfolgreichen Schulzeit

Ü 27

Lösungsvorschlag: reicher König – **wunderschönen** Tochter – **prächtigen** Schloss – **großen** Wald – **gutherzige** Frau – **vielen** Jahren – **weise** König – **liebes** Kind – **prachtvolles** Fest – **edelsten** Königssöhne – **vielen** Wochen – **emsigen** Vorbereitung – **großen** Festes

Ü 28

1. Die **häufigen** Kinobesuche; **2.** ein **ausreichendes** Sitzplatzangebot; **3.** In **früheren** Zeiten

Ü 29

lokal: drinnen, irgendwo; **temporal:** stets, heute, schließlich, endlich, unterdessen; **modal:** folglich, glücklicherweise, schnellstens, kopfüber; **kausal:** darum, deshalb

Ü 30

Lösungsvorschlag: 1. Glücklicherweise konnte die Katastrophe verhindert werden. **2.** Die betroffenen Familien wurden **abends** gerettet. **3.** Der Brand wurde **sofort** gelöscht. **4.** Die Zeitungen berichteten **gestern** über den Vorfall.

Ü 31

Er (Pers.) verlässt **sein** (Poss.) Zuhause, weil **seine** (Poss.) Eltern ... hat **er** (Pers.) Probleme: **Seine** (Poss.) Noten ... **seinen** (Poss.) Mitschülern versteht **er** (Pers.) sich ... denkt **er** (Pers.): **Ich** (Pers.) hau ab! **Wir** (Pers.) lernen ... **Ihr** (Pers.) könnt ... bleibt **er** (Pers.) ... **Er** (Pers.) findet ... erleben **sie** (Pers.) ...

Ü 32

1. seiner ist ein Possessivpronomen, die anderen sind Demonstrativpronomen; **2. du** ist ein Personalpronomen, die anderen sind Indefinitpronomen; **3. die** ist ein Relativpronomen, die anderen sind Possessivpronomen

Ü 33

Etliche Bundesbürger ... dieses Jahr ... ihr Feuerwerk ... Raketen, die ... für dieses Jahr, ... mehrere Millionen Raketen ... jedes Jahr ... das Geld, das ... dieser Hinweise und knapper ... diesen Spaß ... ihren Partner ... solches Verhalten ... Imponiergehabe, das ... manchen Jungen ... ihren Höhepunkt ... Es sei ...
Personalpronomen: es; **Possessivpronomen:** ihr, ihren, ihren; **Demonstrativpronomen:** dieses, dieses, dieser, diesen, solches; **Indefinitpronomen:** etliche, mehrere, jedes, manchen; **Relativpronomen:** die, das, das

Ü 34

Seit – auf – in – Wegen – am – Mit – zum – Durch – ans – Um – an – Nach – mit – Während – mit – ans – von – Für

Ü 35

1. Von Anfang **an:** umklammernd; **2.** Den ganzen Tag **über:** nachgestellt; **3. Während** des Unterrichts: vorangestellt; **4. aus** dem Fenster: vorangestellt; **5.** Der Schule **gegenüber:** nachgestellt

Ü 36

1. mit (modal) seinen Freunden – **im (lokal)** Schwarzwald; **2. Während (temporal)** seiner letzten Klassenfahrt – **in (temporal)** der Nacht; **3. Vor (kausal)** lauter Furcht – **vor (lokal)** das Haus; **4. Nach (temporal)** zwei Stunden – **mit (modal)** einem Kompass und einem Handy – **im (lokal)** Wald; **5. in (temporal)** weniger als zwei Stunden; **6. Durch (modal)** großes Geschick – **durch (lokal)** das unwegsame Gelände; **7. nach (temporal)** viereinhalb Stunden – **nach (lokal)** Hause; **8. Nach (temporal)** ihrer glücklichen Heimkehr – **ins (lokal)** Bett

Ü 37

1. falls, da alle übrigen Konjunktionen temporal sind; **2. jedoch,** da alle übrigen Konjunktionen nebenordnend sind; **3. und,** da alle übrigen Konjunktionen einen Gegensatz angeben

Ü 38

oder, sowohl ... als auch, Entweder ... oder, aber, nicht nur ... sondern auch, und, oder, denn

Ü 39

Zeit: als, nachdem, ehe, bis; **Grund:** weil, da **Zweck:** damit, dass, um zu; **Bedingung:** falls, wenn; **Gegensatz:** obschon, obwohl, obgleich

Ü 40

acht – Erste – Erste – eine – Dritter – Achte – zweiundzwanzig – Zweimal – drei

Ü 41

wenig – meiste – einige – Viele – wenigen – manche – ein paar

Ü 42

Adverbien: heute Morgen, kaum, überall, wieder, mittags, sofort, von unten; **Präpositionen:** in, mit, von, aus; **Konjunktionen:** als, während, als, und; **Interjektionen:** Mmh, Äääääh, Tja

2 Die Wortbildung

Ü 1

1. der Auto<u>fahrer</u>; **2.** die Mathematik<u>lehrerin</u>; **3.** das Kino<u>plakat</u>; **4.** die Schul<u>klasse</u>

Ü 2

1. zitronengelb: Adjektiv; **2.** Schnellläufer: Substantiv; **3.** Fertiggericht: Substantiv; **4.** riesengroß: Adjektiv

Ü 3

der Freund**es**kreis; das Schmerz**ens**geld; die Dorn**en**hecke; der Advent**s**kranz; der Bild**er**rahmen

Ü 4

Adjektive: spindeldürr, eiskalt, haushoch, geistreich, staubtrocken, pfeilschnell, taghell; **Substantive:** Braunbär, Gutschein, Geheimtipp, Reitstiefel, Drehbuch, Lesebrille, Gehweg

Ü 5

Präfixe: auf – vor – zu – ein – ver – ent – ab – rück **Wortstämme:** gabe – fall – nahme – gang – kauf – schluss – fluss – kehr

Ü 6

2. Vorgabe, Vorgang; **3.** Zufluss, Zufall, Zugabe, Zugang; **4.** Einkauf, Einfall, Eingabe, Einnahme; **5.** Verfall, Vergabe, Verschluss; **6.** Entnahme; **7.** Abfall, Abgabe, Abgang, Abnahme, Abschluss; **8.** Rückgabe, Rückfall, Rücknahme, Rückgang, Rückkehr

Ü 7

1. die Schönheit; **2.** die Fähigkeit; **3.** der Reichtum; **4.** die Verwandtschaft; **5.** die Einigkeit, die Einigung; **6.** die Gleichheit, das Gleichnis, die Gleichung

Ü 8

wunderbar, furchtsam, ärgerlich, traumhaft, windig

Ü 9

-bar, -sam, -lich, -haft, -ig

Ü 10

1. Traum (Subst.); **2.** krank (Adj.); **3.** Ernst (Subst.) oder ernst (Adj.); **4.** Bruchstück (Subst.); **5.** Trieb (Subst.); **6.** lachen (Verb); **7.** Beispiel (Subst.); **8.** Mangel (Subst.); **9.** glauben (Verb)

3 Wortfamilie und Wortfeld

Ü 1

1. hören: Hörer, Zuhörer, Hörgerät, Hörfunk, Hörspiel, mithören, überhören, hörenswert, schwerhörig; **2. nehmen:** annehmen, zunehmen, hochnehmen, mitnehmen, unternehmen, Teilnehmer, Benehmen, vornehm; **3. viel:** vielschichtig, vielfältig, Vielzahl, Vielfraß, Vielfalt, vielfach, vielleicht; **4. nahe:** beinahe, hautnah, sich nähern, näher kommen, Nähe, Nahverkehr, Naherholungsgebiet, unnahbar; **5. Segen:** segensreich, Segensworte, einsegnen, absegnen, Segnung, gesegnet; **6. Haar:** Haarband, Haarfarbe, rothaarig, um Haaresbreite, haarsträubend, haarscharf, haarklein, Härchen

Ü 2

1. Untersuchung, Besuch, Versuch, Suche, Gesuch; **2.** vermuten, mutig, Entmutigung, mutlos, Zumutung; **3.** abgeben, Umgebung, ausgeben, Angeber, aufgeben; **4.** auffallen, Überfall, Zufall, einfallen, verfallen; **5.** Unterredung, Rede, Verabredung, Rednerin, Vorrede; **6.** Vorschlag, Schlager, Anschlag, beschlagen, geschlagen

Ü 3

Lösungsvorschlag: **1.** fallen, fällen, Unfall, Anfall, abfallen; **2.** geben, Aufgabe, angeben, umgeben, vergeben; **3.** mutig, mutlos, Mut, Unmut, zumuten; **4.** reden, Redefluss, redselig, Ausrede, anreden; **5.** schlagen, Schlag, Anschlag, Ausschlag, schlagfertig; **6.** suchen, Suche, Sucher, aussuchen, versuchen

Ü 4

schreib: schreiben, schreibend, aufschreiben, umschreiben, beschreiben, verschreiben, unterschreiben, vorschreiben, anschreiben, Schreiber, Schreiberin, Umschreibung, Beschreibung, Abschreibung, Verschreibung ...
les: lesen, lesend, vorlesen, auslesen, belesen, ablesen, verlesen, durchlesen, leserlich, lesbar, Leser, Leserin, Vorlesung, Verlesung, Auslese ...

Ü 5

fragen: aushorchen, erforschen, nachhaken, sich erkundigen, sich informieren; **höflich:** aufmerksam, rücksichtsvoll, zuvorkommend, taktvoll, freundlich; **Sache:** Angelegenheit, Ding, Fall, Ereignis, Thema; **schwierig:** schwer, gefährlich, problematisch, anstrengend, kompliziert; **sagen:** mitteilen, erzählen, sich äußern, darauf hinweisen, erläutern

Ü 6

... Familien **teilgenommen.** ..., damit wir auch auf der **Fahrbahn** ... Rollhockey **ihr Glück versucht** ... bei den **Turnieren.** ... Sauerkrautsalat **gestiftet.** ... Donauwellen **gebacken.** ... Eis **gemundet** ... an den **Flammen** gestanden. ... **mit Sicherheit** wieder feiern werden.

4 Der Satz

Ü 1

Gestern Abend traf ich Peters Schwester in der Stadt.

Ü 2

Ich traf gestern Abend Peters Schwester in der Stadt. – In der Stadt traf ich gestern Abend Peters Schwester. – Gestern Abend traf ich in der Stadt Peters Schwester. – Peters Schwester traf ich gestern Abend in der Stadt. – Ich traf gestern Abend in der Stadt Peters Schwester.

Ü 3

Gestern Abend/traf/ich/Peters Schwester/in der Stadt.

Ü 4

1. Auf dem Weihnachtsbasar <u>haben</u> wir unsere Waren <u>angepriesen</u>. **2.** Besonders gern <u>wurden</u> die Strohsterne <u>gekauft</u>. **3.** Leider <u>wollte</u> niemand mein Fensterbild <u>haben</u>. **4.** Am späten Nachmittag <u>kamen</u> meine Eltern. **5.** Aus lauter Mitleid <u>haben</u> sie das Fensterbild <u>erworben</u>. **6.** Jetzt <u>hängt</u> es bei mir im Zimmer. **7.** Nächstes Jahr <u>werde</u> ich bestimmt nicht <u>basteln</u>. **8.** Hoffentlich <u>kann</u> ich besser Plätzchen <u>backen</u>.

Ü 5

2. Viele | Menschen | <u>vertrauten</u> | *dieser Hexe*. **Wem vertrauten viele Menschen?** (DO). **3.** Drei Ärzte | <u>versuchten</u> | *den kranken Bürgermeister* | <u>zu heilen</u>. **Wen versuchten drei Ärzte zu heilen?** (AO). **4.** Doch | *kein Arzt* | <u>wusste</u> | Rat. **Wer wusste Rat?** (S). **5.** Da | <u>bat</u> | die Frau des Kranken | die Hexe | *um Hilfe*. **Um was bat die Frau des Kranken die Hexe?** (PO). **6.** Die Hexe | <u>gab</u> | der Frau | bereitwillig | *die rettende Medizin*. **Was gab die Hexe der Frau bereitwillig?** (AO). **7.** Später | <u>wurde</u> | die Hexe | *der Gotteslästerung* | <u>angeklagt</u>. **Wessen wurde die Hexe später angeklagt?** (GO). **8.** Nun | <u>bedurfte</u> | sie | *der Hilfe des Bürgermeisters*. **Wessen bedurfte sie nun?** (GO). **9.** Doch | dieser | <u>hatte</u> | *die Tat der Hexe* | <u>vergessen</u>. **Was hatte dieser vergessen?** (AO). **10.** *Die Frau* | <u>wurde</u> | am 14. 4. 1169 | auf dem Scheiterhaufen | <u>verbrannt</u>. **Wer wurde am 14. 4. 1169 auf dem Scheiterhaufen verbrannt?** (S). Man | kann | offenbar | *niemandem* | trauen. **Wem kann man offenbar trauen?** (DO).

Ü 6

Lösungsvorschlag: **1.** vor großen Hunden – Wovor fürchtet sich Peter? **2.** für einen Lügner – Wofür halte ich ihn? **3.** auf ein Wunder – Worauf kann man hoffen? **4.** zu einer guten Schülerin – Wozu entwickelt sich Sarah?

Ü 7

1. Wir (S) gedenken (P) unserer Verstorbenen (GO). **2.** Die Mannschaft (S) trainiert (P) in der Halle (AB, lokal = Angabe des Orts). **3.** Du (S) bist (P, Teil 1) nicht zum Vergnügen (AB, final = Angabe des Zwecks) angestellt (P, Teil 2). **4.** Hier (AB, lokal) gibt (P) es (S) Schreibblöcke (AO) mit Rand (präpositionales ATT zum AO). **5.** Nach dem Essen (AB, temporal = Angabe der Zeit) werde (P, Teil 1) ich (S) müde (P, Teil 2).

Ü 8

Gestern (1) fing ... Wochenlang (2) ... uns wie kleine Kinder (3). Sofort (4) schnappte ich glücklich (5) meinen ... und ... zum Schlittenberg (6) in der Nähe unseres Hauses (7). ... In meiner Freude (8) übersah ich den Strauch, der auf halber Höhe des Berges (9) wuchs. Erschreckt (10) versuchte ich ... Um das Schlimmste zu verhindern (11), ... Doch mein Daumen stand etwas komisch (12) von meiner Hand ab. Sofort (13) ging ich traurig (14) nach Hause (15) und ließ mich von meiner Mutter zum Arzt (16) fahren. Nach dem Röntgen (17) war klar ... Dummerweise (18) ... noch lange (19) ... superärgerlich (20).
Temporaladverbiale: 1, 2, 4, 13, 17, 19
Lokaladverbiale: 6, 7, 9, 15, 16
Modaladverbiale: 3, 5, 10, 12, 14, 18, 20
Kausaladverbiale: 8, 11

Ü 9

2. wo? (lokal); **3.** wie? (modal); **4.** wodurch? (instrumental); **5.** warum? (kausal)

Ü 10

2. konsekutiv; **3.** instrumental; **4.** konzessiv; **5.** konditional

Ü 11

1. auf dem riesigen Platz: adverbiale Bestimmung; **2.** aus den umliegenden Dörfern: Attribut; **3.** im nahe gelegenen Großmarkt: adverbiale Bestimmung; **4.** aus dem Großmarkt: Attribut – aus weit entfernten Ländern: adverbiale Bestimmung; **5.** Auf dem Großmarkt: adverbiale Bestimmung – aus weit entfernten Ländern: Attribut

Ü 12

1. mit großer Sorgfalt: adverbiale Bestimmung (AB); **2.** über exzellentes Fachwissen: präpositionales Objekt (PO); **3.** mit dem Werkzeug: Attribut (ATT); **4.** durch die gute Zusammenarbeit: adverbiale Bestimmung (AB); in weniger als zwei Stunden: adverbiale Bestimmung (AB)

Ü 13

1. brillante: Adjektiv, ohne Nachtönen: präpositionales Attribut; **2.** längerer: Adjektiv, bei gleichem Preis: präpositionales Attribut; **3.** unser: Pronomen, für Sie: präpositionales Attribut; **4.** zehn: Zahlwort; **5.** des Jahres: Genitivattribut; **6.** beste: Adjektiv, quadratisch, praktisch, gut: Adjektive

Ü 14

Ein sehr berühmtes **Beispiel** für Heldensagen der deutschen Literatur ist das „Nibelungenlied“. Die schreckliche **Geschichte** um Liebe, Hass und Rache spielt im fünften **Jahrhundert**, wurde aber erst um 1200 von einem unbekannten **Verfasser** aufgeschrieben. Sie erzählt von Siegfrieds **Tod** durch seinen ehemaligen Freund Hagen und von Kriemhilds **Rache.** Die wohl bekannteste **Episode** des Nibelungenliedes ist die **Geschichte** von Siegfrieds Kampf mit einem Drachen. In diesem ungleichen **Kampf** besiegte Siegfried wider Erwarten einen mächtigen **Drachen.** Als das **Blut** des Drachen in einem dicken **Strahl** herausschoss, bemerkte Siegfried zufällig, dass er durch den **Kontakt** mit dem Drachenblut unverwundbar wurde. Also badete er im **Blut** des Untiers, sodass seine Haut hörnern wurde bis auf eine kleine **Stelle** am Rücken zwischen den Schultern. Dorthin war ein Lindenblatt gefallen. An dieser **Stelle** wird sein **Freund Hagen** ihn später tödlich verletzen.

Ü 15

1. Ich sah dein entsetztes Gesicht. Entsetzt schrie ich auf. **2.** Ich hörte ein leises Zischen. Leise betrat ich den Raum. **3.** Ein harter Schlag traf mich. Er schlug hart auf mich ein. **4.** Der zornige Gesichtsausdruck erschreckte mich. Zornig blickte ich ihn an.

Ü 16

1. Aussagesatz (.); **2.** Fragesatz (?); **3.** Aussagesatz (.); **4.** Fragesatz (?); **5.** Aufforderungssatz (!); **6.** Fragesatz (?); **7.** Aussagesatz (.); **8.** Aufforderungssatz (!); **9.** Aussagesatz (.); **10.** Aussagesatz (.)

Ü 17

Aussagesatz: zweite Satzgliedstelle; Fragesatz: erste oder zweite Satzgliedstelle; Aufforderungssatz: erste Satzgliedstelle

Ü 18

Satz 2: Entscheidungsfrage; Satz 4: W-Frage; Satz 6: W-Frage

Ü 19

Frage: „Fährst du weiter?“ **Aufforderung:** „Fahr weiter!“ **Feststellung:** „Du fährst weiter.“

Ü 20

1. und; **2.** denn; **3.** aber; **4.** doch – denn; **5.** und

Ü 21

2. daraufhin (temporal); **3.** dadurch (konsekutiv); **4.** dennoch (konzessiv); **5.** dazu (modal); **6.** deswegen (kausal); **7.** trotzdem (konzessiv)

Ü 22

1. … wo sie Kindern begegnen: Lokalsatz; **2.** Dass die lebensgefährlichen Pocken weltweit ausgerottet sind: Objektsatz; **3.** Wer Figuren wie Pippi, Ronja Räubertochter oder die Brüder Löwenherz erfindet: Subjektsatz; **4.** … wo sie 1908 als Tochter eines Landwirts geboren wurde: Lokalsatz; **5.** … ob Astrid Lindgren zu Recht so berühmt ist: Objektsatz

Ü 23

2. Er möchte nicht, dass wir ihm helfen. **3.** Um die Streitfrage zu klären, führten wir eine Diskussion. **4.** Nachdem wir gegessen hatten/Als das Essen beendet war, tranken wir Tee. **5.** Indem er die Zuhörer begrüßte, begann er seine Rede. **6.** Weil es regnet, gehen wir nicht wandern.

Ü 24

1. Der Streckenposten, **der im Dienst ist/der Dienst hat,** muss … **2.** Die Aufschrift, **die auf dem Auto steht,** wirbt für … **3.** Am Ende … wird überprüft, ob das Auto, **das der Sieger gefahren hat,** den Regeln entspricht. **4.** Der Motorsportler, **der gewonnen hat,** wird mit einem Pokal …

Ü 25

1. … im Fernsehen, wie am darauffolgenden Tag das Wetter wird. **2.** … voraussagen, ob es am nächsten Tag schönes oder regnerisches Wetter geben wird. **3.** … garantieren, dass ihre Voraussagen richtig sind. **4.** Wann die Wetterfronten über Deutschland hinwegziehen, hängt … **5.** Aus den Wetterdaten der Satelliten das Wetter exakt vorherzusagen(,) fällt jedoch schwer. **6.** Immer wieder kommt es vor, dass unerwartete Entwicklungen die Berechnungen über den Haufen werfen. **7.** Dass man sich sicher auf den Wetterbericht verlassen kann, wünschen … **8.** … wissen, ob sie am nächsten Tag ihr Land bewässern müssen oder ob es Regen gibt. **9.** … gelingen, das Wetter richtig vorauszusagen.

Ü 26

1. Objektsatz, indirekter Fragesatz; **2.** Objektsatz, indirekter Fragesatz; **3.** Objektsatz, dass-Satz; **4.** Subjektsatz, indirekter Fragesatz; **5.** Subjektsatz, Infinitivsatz; **6.** Subjektsatz, dass-Satz; **7.** Objektsatz, dass-Satz; **8.** Objektsatz, indirekter Fragesatz; **9.** Subjektsatz, Infinitivsatz

Ü 27

1. Weil das Wetter wechselhaft ist, müssen … **2.** Wenn die Sonne scheint und es sehr heiß ist, sind andere Reifen auszuwählen, als wenn es leicht nieselt. **3.** Die endgültige Entscheidung wird meist erst getroffen, nachdem man die Wettervorhersage ausgiebig studiert hat. **4.** Weil sie so große Erfahrung haben, können … **5.** Ein Formel-1-Sieg ist nur zu erreichen, wenn das Team hervorragend zusammenarbeitet. **6.** Wenn die Sieger geehrt werden, müsste …

Ü 28

2. …, weil es dort einen schönen Park gibt, in dem das Sommerhaus von Goethe liegt. **3.** …, weil dort viele Straßenmusikanten die Besucherinnen und Besucher unterhalten. **4.** …, weil man im Café am Marktplatz den weltbesten Mohnkuchen essen kann. **5.** …, weil viele alte Häuser gut und geschmackvoll renoviert sind.

Ü 29

1. Sie dürfen sich in Gaststätten aufhalten, wenn eine erziehungsberechtigte Person sie begleitet oder wenn sie eine Mahlzeit oder ein Getränk einnehmen. **2.** Absatz (1) gilt nicht, wenn Kinder oder Jugendliche an einer Veranstaltung eines anerkannten Trägers der Jugendhilfe teilnehmen oder wenn sie sich auf Reisen befinden.

Ü 30

1. Wenn du etwas übst, … **2.** Wenn man es nur oberflächlich betrachtet, … **3.** Falls das Wetter schlecht ist, … **4.** Wenn er joggt, … **5.** Wenn er nicht ausreichend trainiert, …

Ü 31

1. Hast du kein Fahrrad, … **2.** Bekommt Nina zu Weihnachten einen Hund, … **3.** Fällt bei Niklas der Physikunterricht aus, … **4.** Hört Sophia ihre Lieblings-CD, …

Ü 32

Finale Konjunktionalsätze: Damit wir uns später noch an alles Wichtige erinnern …; damit dort kurze Berichte, Fotos oder auch Kommentare eingeworfen werden können;
finale Infinitivsätze: Um ihr die Aufgabe zu erleichtern …; um noch schnell einen Bericht vom letzten Ausflug zu schreiben

Ü 33

1. Mohammed hatte vor seinem Tod keinen Nachfolger bestimmt, sodass man einen engen

Vertrauten des Propheten zum Leiter von Staat und Gemeinde ernannte. **2.** Der Nachfolger Kalif Bekr wurde jedoch nicht von allen Stämmen anerkannt, sodass er mit einigen Stämmen Krieg führen musste. **3.** Die ehemaligen Feinde wurden unterworfen, sodass der Kalif das Reich nach Norden hin erweitern konnte. **4.** Die Araber rückten auch nach Palästina und Nordafrika vor, sodass sie ganz neue Kulturen kennenlernten und reiche Beute machten.

Ü 34

1. Obwohl die Zahl der Staus zunimmt, …; **2.** Obwohl es gefährlich ist, …; **3.** Obwohl die Benzinpreise steigen, …; **4.** Obwohl an der Kreuzung ein Stoppschild steht, …; **5.** Obwohl es vorgeschrieben ist, …

Ü 35

2. nachzeitig; **3.** vorzeitig; **4.** gleichzeitig; **5.** nachzeitig; **6.** vorzeitig

Ü 36

1. temporal; **2.** adversativ; **3.** adversativ; **4.** konditional

Ü 37

1. Die Tochter verkauft auf dem Markt die Schurwolle des letzten Frühjahrs, wodurch sie genug Geld erhält, um einen Arzt für ihre kranke Mutter bezahlen zu können. **2.** Der Arzt kommt zu ihnen nach Hause, wobei er auch die entsprechenden Medikamente mitbringt. **3.** Die Tochter verabreicht ihrer Mutter die Medizin, ohne dabei darauf zu achten, abgekochtes Wasser zu verwenden. **4.** Die Mutter nimmt die Medizin, wodurch sie neue Kräfte gewinnt.

Ü 38

2. Indem sie sich sportlich betätigen, tun sie auch … (Modalsatz); **3.** Damit sie zu großen Erfolgen gelangen, trainieren sie … (Finalsatz); **4.** Weil er grob foul gespielt hatte, bekam ein Spieler … (Kausalsatz); **5.** Wenn das Spiel zu Ende ist, denkt der Profi … (Temporalsatz)

Ü 39

Weil – wenn – Weil – Obwohl – Damit – Als – Damit – sodass

Ü 40

1. indem er viel Elan aufbrachte – viel Elan aufbringend; **2.** sodass er sehr zufrieden war – sehr zufrieden seiend; **3.** weil er sehr nervös war – Nervosität zeigend; **4.** indem er große Geschicklichkeit bewies – große Geschicklichkeit beweisend; **5.** sodass die Zuschauer begeistert waren – die Zuschauer begeisternd

Ü 41

1. Das Haus der Geschichte in Bonn ist ein Museum, das über die Geschichte der Bundesrepublik Deutschland informiert. **2.** Am Eingang haben wir Kassettenrekorder zum Umhängen erhalten, mit denen man durch die einzelnen Jahrzehnte geführt wurde. **3.** Sehr interessant fanden wir eine Abteilung, in der es um die Zeit kurz nach dem Zweiten Weltkrieg ging. **4.** Es gab dort viele Monitore, auf denen man sich kurze Filme über die Zeit zwischen dem Kriegsende und der Gründung der Bundesrepublik Deutschland und der Deutschen Demokratischen Republik anschauen konnte.

Ü 42

1. Du hast mir versprochen(,) dich um diese Angelegenheit selbst zu kümmern. **2.** Er hatte sich doch vorgenommen(,) einen Leserbrief zu schreiben(,) oder täusche ich mich? **3.** Ich verspreche dir(,) diese Lügerei nicht mehr länger zu unterstützen. **4.** Stefan glaubt(,) seinen Freund enttäuscht zu haben. **5.** Der Lehrer forderte seine Schüler auf(,) in die Schule zurückzugehen.

Ü 43

1. Viele Stadtbewohner nehmen sich vor(,) das Fahrrad zu benutzen. **2.** Es ärgert sie, ständig im Stau zu stehen. **3.** Durch die zusätzliche Bewegung versuchen viele außerdem(,) einige Kilo abzunehmen. **4.** Besonders für Büroangestellte ist es wichtig, etwas für die Fitness zu tun. **5.** In der Mittagspause beschließt auch Herr Klein(,) sich täglich zu bewegen. **6.** Er ist wild entschlossen(,) sich ein Mountainbike zu kaufen. **7.** Sein Kollege rät ihm(,) Kickboard zu fahren. **8.** Er findet es nämlich unpraktisch, immer das teure Sportgerät abschließen zu müssen.

Ü 44

1. Weil er durch den Verkäufer überrumpelt wurde, …; **2.** Als er aus dem Kaufrausch erwacht ist, …; **3.** Frau Klein, die kein Verständnis für den teuren Kauf hat, …; **4.** Weil ihn der Streit angespornt hat, …

Ü 45

1. <u>Heute morgen,</u> <u>bevor ich zur Schule ging,</u>
HS, Teil I NS 1

öffnete ich das Fenster, das zur Straße zeigt.
HS, Teil II NS 2
2. Gestern Abend, als ich mein Abendbrot,
HS, Teil I NS 1, Teil I
das meine Mutter mir gerichtet hatte, aß,
NS 2 NS 1, Teil II
klingelte es an der Tür.
HS, Teil II

Ü 46

Der Deutschlehrer, der ein rotes Jackett anhatte, schrieb das Aufsatzthema an die Tafel, die Julia und Simone in der Pause zuvor noch gewischt hatten, während Martin bereits in aller Ruhe sein Pausenbrot auspackte. Es lautete kurz und präzise, wie es die Art dieses Lehrers war: „Unser Hund“. Ebenso kurz und präzise behandelte Wolfgang, der Klassenclown, das Thema, obwohl er wusste, dass es den Lehrer ärgern würde: „Unser Hund. Wir haben keinen.“

RECHTSCHREIBUNG UND ZEICHENSETZUNG

1 Die Groß- und Kleinschreibung

Ü 1

Gestern kam der Zirkus in unsere Stadt. Schon am Vortag hatten die Männer vom Zirkus die Plakate aufgehängt und waren mit Lautsprechern auf dem Dach durch die Stadt gefahren: „Achtung, Achtung! Ab morgen gastiert der Zirkus Luftikus in Ihrer Stadt. Die Vorstellungen sind jeden Abend um 20:00 Uhr, die Kindervorstellungen täglich um 16:00 Uhr.“ Am nächsten Tag begann man sofort damit, das riesige Zelt aufzubauen. Viele Kinder schauten der Mannschaft neugierig bei ihrer Arbeit zu. Das Aufbauen dauerte nur einen Vormittag, dann ging es endlich los. Zur ersten Vorstellung strahlte den Gästen von der Zirkuskuppel ein tiefes Blau entgegen.

Ü 2

1. Insgesamt; **2.** eine; **3.** drei; **4.** Wer; **5.** Ich; **6.** Überall/überall; **7.** verheiratet; **8.** schnellstens; **9.** das

Ü 3

2. Adjektiv; **3.** Partizip; **4.** Partizip; **5.** Zahladjektiv; **6.** Zahlwort; **7.** Verb; **8.** Adjektiv; **9.** Partizip; **10.** Pronomen; **11.** Präpositionen; **12.** Zahladjektiv; **13.** Adjektiv

Ü 4

1. zum Essen – zu essen; **2.** zu stricken – Zum Stricken; **3.** Das Lesen – zu lesen; **4.** zu spielen – zum Spielen; **5.** zu schreien – Vom Schreien

Ü 5

... zählt sie zu den **Glücklichsten** dieser Welt. Etwas **Schöneres,** als über den Rollhockeyplatz zu fahren ... denn beim **Skaten** vergisst sie allen Ärger ... Zwar fällt ihr das **Bremsen** noch etwas schwer, aber im **Wenden** ist sie sehr sicher. Darum ist sie auch als **Einzige** ihrer Klasse ... Jetzt ist es nichts **Ungewöhnliches** ... sie schnell zum **Üben** auf das Rollhockeyfeld ...

Ü 6

1. Auf der Klassenfahrt haben wir **manches besonders Aufregendes** erlebt. **2.** Aber **das Beste** war die Nachtwanderung im Schnee. **3.** Da gab es in unserer Klasse **einige sehr Ängstliche.** **4.** Sie glaubten, dass **etwas besonders Unheimliches** passieren würde. **5.** **Das ausdauernde Wandern** durch die kalte Winternacht war anstrengend. **6.** Umso mehr freuten wir uns auf **das Ausschlafen** am nächsten Morgen.

Ü 7

1. Angst, Angst; **2.** beiden; **3.** Dank, dank; **4.** Paar, paar; **5.** Recht, recht/Recht; **6.** schuld, Schuld; **7.** Bescheid; **8.** Dunkeln, Dunkeln; **9.** wichtigsten, Stillen; **10.** Reine

Ü 8

2. Mir ist ein strenger Lehrer lieber als ein gutmütiger (Lehrer). **3.** Ich esse lieber ein weiches Ei als ein hartes (Ei). **4.** Ich bin der Beste (–). **5.** Der klügste Schüler ist nicht immer auch der beste (Schüler). **6.** Der Fleißige (–) wird mit Erfolg belohnt.

Ü 9

1. Kopf-an-Kopf-Rennen; **2.** Sowohl-als-auch; **3.** Trimm-dich-Pfad; **4.** Auf-der-faulen-Haut-Liegen; **5.** Schau-mir-in-die-Augen-Kleines-Masche; **6.** Duty-free-Shop; **7.** In-den-April-Schicken; **8.** Make-up-Entferner

Ü 10

1. das Kap der Guten Hoffnung; **2.** das Wiener Schnitzel; **3.** der Rheingauer Wein; **4.** die Französische Revolution; **5.** Der heilige Gregor verehrt den Heiligen Vater. **6.** Der Erste Mai bleibt Feiertag.

Ü 11

Gutes aus Europa
Der Schweizer Käse schmeckt mir am besten, obwohl der holländische Gouda auch nicht zu verachten ist. Belgische Pralinen mag ich gerne, doch auch die Engländer können gute Süßwaren herstellen. Das Bier in Düsseldorf, das Düsseldorfer Alt, ist ebenso bekannt wie der italienische Wein. Doch auch die Franzosen haben guten Wein, vor allem aber sind die französischen Croissants ein Genuss zu jedem Frühstück.

Ü 12

1. aristotelischer; **2.** kafkaeskes; **3.** Luther'schen; **4.** luthersche; **5.** potemkinsche; **6.** Grimm'schen; **7.** freudsche; **8.** einsteinsche; **9.** Schiller'schen; **10.** archimedischen

Ü 13

1. rot, Grün; **2.** Deutsch, Englisch; **3.** englisch; **4.** Blau, hellblau, dunkelblau; **5.** Französisch

Ü 14

1. schwarze, Grün; **2.** Rot; **3.** rot; **4.** blauem, Grün; **5.** rote, schwarzen; **6.** Silber; **7.** gelb; **8.** Rot; **9.** grün; **10.** blau, Blau; **11.** Schwarz; **12.** braune

Ü 15

1. heute Morgen; **2.** Sonntag; **3.** heutige, von gestern; **4.** heute; **5.** Nachmittags; **6.** abends, in der Nacht; **7.** Montagabend, mittwochmorgens; **8.** Morgen, Mittag, nachts; **9.** morgen; **10.** sonntagmorgens, Mittag

Ü 16

Heute **M**orgen um **a**cht – jeden **T**ag – **M**ittwoch – **m**ittwochs – zwei – **M**orgen – **g**estrigen **A**bend – **G**estern – **n**achher – die **n**ächsten **W**ochen – **n**ächsten **M**onate – **M**ittwoch

Ü 17

1. Dreizehn; **2.** ein viertel; **3.** ein Viertel; **4.** Zwei; **5.** dritte; **6.** zehn; **7.** drei, Zwei; **8.** eine Million, sechs; **9.** Tausend/tausend; **10.** Hunderte/hunderte; **11.** Zwanzigsten; **12.** ersten, dritte/Dritte, acht; **13.** elf

Ü 18

Sehr geehrte Damen und Herren,
wir überlegen, ob **w**ir die nächste Klassenfahrt nach Trier machen. Als Klassensprecherin habe ich die Aufgabe übernommen, zu **I**hnen Kontakt aufzunehmen und mich über **I**hre Stadt zu informieren. Ich habe im Internet schon gesehen, dass **S**ie zahlreiche Aktivitäten für Jugendliche anbieten. Wir hätten aber auch gerne eine Stadtführung von einem Profi. Können **S**ie uns jemanden empfehlen? Außerdem suchen wir noch ein geeignetes Quartier in der Stadt Trier oder **i**hrer Umgebung. Sicherlich haben **S**ie eine Liste, die **S**ie uns schicken können. Allerdings sollte **s**ie nur Unterkünfte beinhalten, die nicht weiter als 10 Kilometer vom Stadtzentrum entfernt liegen.
Vielen Dank für **I**hre Mühe, Anna Blum

Ü 19

beglückwünschen Sie – Ihrem Hauptgewinn – dürfen Sie – Ihre Familie – Ihre Tochter – ihren Coupon – Sie als Empfängerin – bitte Sie – damit Sie – Ihren Gewinn – danken Sie – Ihrer Tochter – ihren Einfall – für Sie

2 Die Getrennt- und Zusammenschreibung

Ü 1

1. So weit; **2.** Soweit; **3.** Soweit; **4.** so weit

Ü 2

Seitdem – nach dem – in dem – indem – Nachdem – seit dem – nach dem – seit dem – in dem – nachdem – seitdem – indem

Ü 4

1. heimkommen; **2.** irreführen; **3.** wettmachen; **4.** standhalten; **5.** stattgeben; **6.** teilhaben; **7.** heimbringen

Ü 5

Rad fahren – teilnehmen – Angst haben – Schlittschuh laufen – wettmachen – heimfinden
Satzbeispiele:
Beim Betriebsausflug wollen wir Rad fahren. – Am Sommerfest kann ich nicht teilnehmen. – Ob sie wohl Angst haben, dass die Konkurrenz aufholt? – Gehen wir am Wochenende Schlittschuh laufen? – Ganz ehrlich, ich weiß nicht, wie ich das wieder wettmachen kann.

Ü 6

Lösungsvorschlag: 2. Die Schülerin will sich das Buch in der Bücherei wieder holen, um es ein zweites Mal zu lesen. – Meine Freundin muss ein Schuljahr wiederholen. **3.** Laura kann wirklich gut schreiben. – Die Bank hat mir den Lotteriegewinn gutgeschrieben. **4.** Der Bürgermeister hat seine

Ansprache frei gehalten. – Die Freundinnen haben mir einen Platz im Konzert freigehalten. **5.** Beim Arztbesuch musste ich meinen Oberkörper frei machen. – Einen Brief muss man mit einer Briefmarke freimachen. **6.** Zur Schule wollen meine Schwester und ich immer zusammen fahren. – Sie ist vor Schreck zusammengefahren. **7.** Sie hat auf dem Spickzettel ganz klein geschrieben. – Adjektive werden kleingeschrieben.

Ü 7

1. freudestrahlend; **2.** geheimnisumwitterten; **3.** Aufsicht führende/aufsichtführende; **4.** mondbeschienene; **5.** angsterfüllt; **6.** Furcht einflößende/furchteinflößende

Ü 8

kleinmütig – urlaubsreif – freudestrahlend – fingerbreit – dunkelbraun – herzensgut – lichterloh – feuchtfröhlich

Ü 9

anhand – infrage – zutage – anstelle – aufgrund – zuteil – zuwege – mithilfe – zuhauf – inmitten – zuleide – aufseiten – zugunsten

Ü 10

1. An Fasching, anstatt; **2.** zufolge, Schwachsinn; **3.** infolge; **4.** Im Grund, zuliebe; **5.** Zurzeit, zur Ruhe

Ü 11

1. 68er; **2.** 50stel; **3.** 100%ig; **4.** S-Kurve; **5.** 25-Fache/25fache; **6.** 6:3-Sieg; **7.** 5-Eck, 6-Eck; **8.** DVD-Brenner

Ü 12

2. Musikerleben: a) Musik-Erleben: das Erleben (Genießen) von Musik, b) Musiker-Leben: das Leben eines Musikers
3. Druckerzeugnis: a) Druck-Erzeugnis: das Erzeugnis (Produkt) eines Drucks, b) Drucker-Zeugnis: das Zeugnis eines Druckers
4. Altbauerhaltung: a) Altbau-Erhaltung: die Erhaltung eines Altbaus, b) Altbauer-Haltung: die Haltung von Altbauern (alten Bauern)

3 Die Dehnung und die Schärfung

Ü 1

i: Igel, Mine, Benzin, wir, Termin, dir, Bibel, Klima, Augenlid; **ie:** Schmied, Kiefer, Papier, Giebel, Fliege, Sieb, nie, Spiegel, Lied, schwierig; **ih:** ihn, ihr; **ieh:** Vieh, sieh, lieh

Ü 2

K	Ü	H	N	E	M	O	H	N	J	K
D	O	O	F	M	A	H	L	E	N	J
L	E	E	R	B	L	A	I	W	T	T
E	H	R	E	R	E	T	D	A	L	S
K	A	A	L	E	N	E	M	H	E	N
Z	A	H	N	I	L	W	A	L	H	Ä
N	R	M	E	T	A	F	X	T	R	M
M	B	E	I	S	P	I	E	L	E	L
Ü	G	O	U	M	I	E	I	C	N	I
H	F	R	O	H	T	E	E	R	F	C
S	A	A	L	T	B	U	G	K	G	H
A	T	W	F	E	E	P	A	F	G	M
L	I	E	D	O	E	K	S	O	H	N
B	U	R	A	L	T	B	O	T	E	L

Vokalverdopplung: Aale, aalen, Beet, Boot, doof, Fee, Haar, leer, Saal, Tee, Teer; **Dehnungs-h:** Ahle, Ehre, fahl, froh, kühn, Lehre, mahlen, Mohn, Mühsal, nehmen, roh, Sohn, Wahl, Zahn; **Dehnungs-e nach i:** Beispiel, Lied, Sieb, Spiel, Stier, Tier; **kein Dehnungszeichen:** Atem, Bote, Bug, Gas, Hefe, Lid, malen, Mühsal, nämlich, Ode, Sage, uralt, Wal, Zar

Ü 3

leer (ohne Inhalt) – lehren (jmd. etwas beibringen); Lid (Teil des Auges) – Lied (Gesang); malen (zeichnen) – mahlen (zerkleinern); der Bote (Überbringer) – die Boote (Schiffe); die Aale (Fische) – die Ahle (Werkzeug)

Ü 4

Ruderboote – Postbote, Armbanduhr – Urgroßvater, Wasserwaagen – Lastwagen, Muttermal – Mahlzeit, Lehrling – Leerlauf

Ü 5

Langer Vokal: Schaukel, quaken, Spuk, Laken, Haken, blöken, Luke, einpökeln, Makel, quieken

Kurzer Vokal: Socke, Dackel, Rock, Mücke, Nacken, Ecke, Glück, Hacke, meckern, Bock, Decke, hocken, Locke

Ü 6

Ebbe – Ebene/Barren – bar,
gelten – Gülle/Dürre – Durst,
Lack – Laken/Schmutz – Ranzen,
Wildbret – Holzbrett/Schlamm – Amt

Ü 7

1. fetttriefend; **2.** Kunststofffolie/Kunststoff-Folie; **3.** Mülllagerung/Müll-Lagerung; **4.** grifffest; **5.** Teeernte/Tee-Ernte

Ü 8

1. genießt – geniest; **2.** reist – reißt; **3.** küsste – Küste; **4.** las – lass; **5.** hasst – Biss – bis – Hast; **6.** fasst – fast; **7.** weisen – weißen

Ü 9

s: Hase, Rose, Reise, lesen, Erbse; **ss:** fressen, Fass, Flüsse, lassen, Schuss, Missbrauch, anfassen, Ross, Pässe, wissen; **ß:** Fleiß, genießen, Füße, Süßigkeit

Ü 10

Fluss – fließen; Genuss – genießen; Schuss – schießen; Schloss – schließen; Riss – reißen; Guss – gießen

Ü 11

Das, **Spaß**, Hast, **gesehen**, **sie**, **als**, **Schubs**, „**Lass das!**“, **das ist**, **muss**, **Maß messen**, **dass sie**, **Stoß**, **Fuß**, **Also ist das**, **ausgleichende**, **hast**, **ist Schluss**, **muss**

Ü 12

Fleiß, weiß, heiß, Fuß, Schoß, bloß, Scheiß, Kloßbrühe

Ü 13

Floß – Flöße; Fluss – Flüsse; Ergebnis – Ergebnisse; Biss – Bisse; Kürbis – Kürbisse; Bus – Busse; Gruß – Grüße; Kloß – Klöße

Ü 14

lassen: lässt – ließ – gelassen – Anlass – nachlässig;
fließen: fließt – floss – geflossen – Floß – flüssig;
wissen: weiß – wusste – gewusst – Wissen – wissbegierig;
essen: isst – aß – gegessen – Esskultur – esslustig;
beißen: beißt – biss – gebissen – Biss – bissig

4 Gleich und ähnlich klingende Wörter

Ü 1

Ich lese gerade **das** Buch mit dem roten Umschlag. **Das** Abenteuer, das **das** Mädchen darin bestehen muss, ist ganz besonders spannend. Zuerst muss sie **das** verletzte Einhorn suchen, **das** vor dem wilden Stier geflohen ist. Aber **das** ist noch nicht alles. Denn dann muss sie auch noch **das** Geheimnis, **das** den schwarzen Ritter umgibt, lösen. Ich bin sicher, dass ihr **das** gelingen wird.

Ü 2

Das Theaterstück, **das** die ... und **das** zunächst ..., weil die jüngeren Darsteller **das** Stück ... sah ihnen oft an, **dass** sie sehr ... oft, **dass** ... **das** Wasser, **das** sie bestellt hatte ... **Dass das** erst ... **Das** Publikum ...

Ü 3

1.+C: dass; **2.+E:** dass;
3.+A: das; **4.+I:** , das;
5.+G: das; **6.+J:** Dass, das;
7.+B: , das; **8.+F:** dass;
9.+H: dass; **10.+D:** das

Ü 4

1. das (dieses); **2.** dass (–); **3.** Das (Ein); **4.** Das (Dieses), das (ein), dass (–), das (dieses); **5.** das (welches); **6.** Dass (–), das (dieses); **7.** Das (Ein), das (welches), dass (–); **8.** Dass (–); **9.** dass (–); **10.** das (dieses), das (welches); **11.** dass (–), das (dieses); **12.** Das (Dieses); **13.** das (dieses), dass (–); **14.** das (dieses), das (welches); **15.** dass (–), das (dieses)
Die Regel lautet: Der Artikel *das* kann durch *ein*, das Demonstrativpronomen *das* kann durch *dieses*, das Relativpronomen *das* kann durch *welches* ersetzt werden; für die Konjunktion *dass* gibt es keine Ersatzform.

Ü 5

1. wieder einführen; **2.** wiedergeben; **3.** wiedergebracht; **4.** widerstanden; **5.** wieder aufführen/wiederaufführen; **6.** wieder sehen; **7.** wiederhaben; **8.** widerstrebt; **9.** widersprichst

Ü 6

Wörter mit *wieder*: Wiederbeginn – Wiedervereinigung – wiedererobern – wiederkäuen – wiederherstellen – wiedergeben – Wiederwahl;
Wörter mit *wider*: Widerhaken – widerlich – widerrufen – widerfahren – Widerstand – widerwärtig – Widerwort

Ü 7

Endlich haben wir die Karten! Völlig **ent**nervt haben wir mehrere Stunden Schlange gestanden. Das **End**ergebnis sind zwei Konzertkarten und zwei **ent**nervte Gesichter. An der **end**losen Warteschlange sind immer wieder Menschen mit **ent**geistertem Blick **ent**langgelaufen. **Ent**gegen aller Voraussagen hat es jedoch nicht geregnet. Zwischendurch hat sich meine Freundin **ent**fernt, um etwas zu essen zu holen. Nach einer Stunde hat sie eine Pommesbude **ent**deckt und ist glücklich zurückgekommen. Allerdings waren die Pommes, als sie **end**lich bei mir ankamen, schon kalt. Deshalb war ich etwas **ent**täuscht. Völlig **ent**setzt war ich jedoch über den Preis: 3,50 €! Dafür bekomme ich in der Imbissbude an meiner **End**haltestelle mindestens das Doppelte.

Ü 8

Wörter mit ***ent-/Ent-:*** enttäuschen – entspannt – Entgelt – Entscheidung – entfernen – entgegen – Entzündung – entbehren – entsagen – Entschuldigung;
Wörter mit ***end-/End-:*** Endlichkeit – Endergebnis – Endeffekt – Endspurt – Endsilbe – Endreim – Endrunde – Endlager

Ü 9

Wörter mit ***tot-:*** totsagen – totschießen – totfahren – totschlagen – totschweigen – tottreten – totlachen – totgeglaubt – totarbeiten;
Wörter mit ***tod-:*** todkrank – todernst – todschick – todsicher – todunglücklich – todmüde – todblass – todelend – todgeweiht

Ü 10

Dividend, Dividenden: Zähler eines Bruches; **Absolvent, Absolventen:** jemand, der eine (Schul-) Ausbildung, ein Studium erfolgreich beendet hat; **Doktorand, Doktoranden:** jemand, der eine Doktorprüfung ablegt; **Praktikant, Praktikanten:** jemand, der ein Praktikum absolviert; **Spekulant, Spekulanten:** jemand, der sich, um hohe Gewinne zu erzielen, auf unsichere Geschäfte einlässt; **Konfirmand, Konfirmanden:** jemand, der zur Konfirmation geht

Ü 11

Täter – Tat; jährlich – Jahr; väterlich – Vater; älter – alt; Hähnchen – Hahn; kämmen – Kamm; mächtig – Macht; gehässig – Hass; längst – lange; Fläschchen – Flasche

Ü 12

Stämme – Stamm; aufwändig – Aufwand (*aber auch*: aufwendig – aufwenden); vergeuden; Länder – Land; Häuser – Haus; Häuptling – Haupt; Gäste – Gast (*auch möglich:* Geste); gestern; teuer; Kräuter – Kraut; rächen – Rache; Bäume – Baum; Säugling – saugen; Beute; entsetzlich; ausräuchern – Rauch

5 Die Fremdwörter

Ü 1

Inliner – Tattoo – Highlight – T-Shirt – Event – cool – E-Mail – Bubblegum

Ü 2

Beat – Hockey – Beefsteak – Training – Sweater – Volleyball – Team – Trenchcoat

Ü 3

1. Recycling; **2.** bye-bye; **3.** Bypass; **4.** Insider; **5.** Pipeline; **6.** Design; **7.** Highlight; **8.** Timing

Ü 4

1. Restaurants – engagiert; **2.** Niveau – Fritteuse; **3.** Nugat – Orangen; **4.** Portemonnaie – Coupon; **5.** Mayonnaise – Toilette; **6.** Jalousie – Parfüm

Ü 5

Nugat – Toilette – Jalousie – Rendezvous – Engagement – Mayonnaise

Ü 6

Kusine – Fantasie – Grafiker – Panter – Tunfisch – substanziell – Jogurt – Majonäse – Saxofon – Potenzial

Ü 7

1. Apokalypse; **2.** authentisch; **3.** Bouquet; **4.** Chromosom; **5.** Fata Morgana; **6.** Gastronomie; **7.** Kommission; **8.** Parodontose

6 Die Zeichensetzung

Ü 1

Zu den Aufgaben ... von Drucksachen, wie z. B. Zeitschriften, Katalogen, Büchern und Formularen, mit den Elementen Schrift, Bild, Farbe und Grafik. Schriftsetzer führen Texte, Bilder und andere Gestaltungselemente ... Ihren Arbeitsplatz haben sie in Setzereien, Textverarbeitungsbetrieben, aber auch in Druckereien. Sie können auch in Verlagen, Grafikbüros, Medienagenturen sowie ...

Ü 2

1. Heute muss mein Vater noch meine Mutter von der Firma abholen, das Geschirr spülen und die Wäsche machen, aber staubsaugen oder bügeln muss er nicht mehr. **2.** Du solltest das Referat nicht vorlesen, sondern frei vortragen. **3.** Wir machen dieses Jahr am Sommerfest weder Waffeln noch Kaffee, aber Kuchen.

Ü 3

Die Mutter macht ein entsetztes Gesicht, **nachdem** sie das Zeugnis ihrer Tochter gesehen hat. „Sonja, dein Zeugnis ist eine einzige Katastrophe. Was soll ich denn dazu sagen?" „Was du früher immer gesagt hast, **wenn** mir etwas Schlimmes passiert ist", schlägt ihre Tochter vor. **Als** die Mutter sich etwas beruhigt hat, fragt sie: „Was habe ich da gesagt?" „Hauptsache, du bist gesund, mein Kind, **weil** alles andere dagegen unwichtig ist."

Ü 4

1. Bis wir uns wiedersehen, werde ich jeden Tag an dich denken. **2.** Ich denke an dich und wir sehen uns bestimmt wieder. **3.** Wir treffen uns in Hamburg oder wir sehen uns in Berlin wieder. **4.** Das erste Mal sahen wir uns in Hamburg, das nächste Mal trafen wir uns in Berlin. **5.** Für nächstes Jahr planen sie einen gemeinsamen Urlaub oder sie bleiben zu Hause. **6.** Obwohl ein gemeinsamer Urlaub geplant war, blieben sie lieber zu Hause.

Ü 5

Heute war so ein richtig verflixter Morgen. Nachdem ich mich aus dem Bett gequält hatte, rutschte ich auf der Fußmatte aus. Ich rappelte mich hoch und hinkte ins Bad, das wie immer besetzt war. Meine Schwester! Damit sie ja auch schön genug ist, steht sie immer eine halbe Stunde früher auf und nimmt das Badezimmer in Beschlag. Wirklich klasse! Wenn sie dann endlich fertig ist, kann man das Bad erst einmal nicht betreten, weil sich eine riesengroße Duftwolke in ihm ausgebreitet hat. Ich trat also gegen die Tür, um mich wenigstens bemerkbar zu machen. Und wie ich meiner Wut so freien Lauf ließ, durchfuhr mich ein stechender Schmerz: mein großer Zeh! Ich musste ihn angeknackst haben. Nachdem ich langsam zurück ins Bett gehumpelt war, zog ich mir die Decke über den Kopf. Hier kriegt mich keiner mehr raus, dachte ich.

Ü 6

1. In der Jungsteinzeit benutzten die Menschen Werkzeuge aus Stein, um ihre Arbeiten zu verrichten. (Infinitivgruppe ist mit *um* eingeleitet: Komma ist notwendig.) **2.** Die Männer waren dazu übergegangen, an ihren Pfeilen Spitzen aus Feuerstein zu befestigen. (Das Wort *dazu* weist auf die Infinitivgruppe hin: Komma ist notwendig.) **3.** Durch die Verwendung von Mahlsteinen war es möglich, das Korn zu mahlen. (Das Wort *es* weist auf die Infinitivgruppe hin: Komma ist notwendig.) **4.** Auf den kleinen Äckern in der Nähe der Siedlung pflegten die Frauen und Männer mit gezähnten Feuersteinschneiden das Getreide zu schneiden. (Infinitivgruppe hängt von *pflegen* ab: kein Komma.) **5.** Die Männer gaben sich beharrlich Mühe, Baumstämme mit Steinbeilen zu bearbeiten und zu zerkleinern. (Infinitivgruppe hängt von *Mühe* ab: Komma ist notwendig.)

Ü 7

1. Anstatt sich zu bedanken, ging der Kunde wortlos hinaus. **2.** Es ist seine Aufgabe, gebraucht zu werden. **3.** Vor Kurzem erst gekauft(,) war das Gerät bereits in der Reparatur. **4.** Wir sind gekommen, um uns ein neues Auto zu kaufen. **5.** Er glaubte(,) etwas zu hören. **6.** Sie stand(,) vollkommen verärgert und frustriert(,) in der Halle. **7.** So ist es, kein Geld zu haben.

Ü 8

2. So ging der Patient dahin, geheilt und ohne Beschwerden. **3. Aus diesem Grund** lief er vor ihnen davon, um schnell zu entkommen. **4.** Es war **genau so,** wie der Kunde es sich vorgestellt hatte. **5.** Er hatte nicht **daran** gedacht, die Sportsachen mitzunehmen. **6.** Richtig frankiert, **so** kommt der Brief auch an.

Ü 9

1. Eines der Häuser, **und zwar das gelbe,** möchte ich kaufen. **2.** Ich möchte nun auch Sport treiben, **zum Beispiel Yoga. 3.** Mein Kind, **es lernt leicht,** ist gut in der Schule. **4.** Ich liebe alle Fantasybücher, **insbesondere Harry Potter. 5.** Die Schuhe, **ich habe sie vor einem Monat gekauft,** sind schon kaputt. **6.** Am Mittwoch, **dem 6. Dezember,** treffen wir uns bei Christina.

Ü 10

2. Kartoffeln, Eier, Öl, Essig, Salz und Pfeffer, **die Zutaten für einen Kartoffelsalat,** kann man im Supermarkt kaufen. **3.** Jennifer, **ein großer Fan von Robbie Williams,** hat ihr Zimmer mit Postern des

Superstars tapeziert. **4.** Viele Sportbegeisterte schauen zu, wenn im Fernsehen ihre Lieblingssportarten, **Fußball und Tennis,** übertragen werden.

Ü 11

Das ist nicht recht, Vater", schimpft er, „dass Ihr ..." – Er spricht: „Das ist nicht recht, ..." – „... Steigt sofort ab!", ruft er. – „Ihr seid drei kuriose Gesellen", wundert er sich.

Ü 12

1. „Mir gefällt ... nicht!", schimpft Peter.
2. „Warum?", fragt Katrin. „Ist doch lustig, dass ... lassen." **3.** „Außerdem", fügt Maria hinzu, „ist ... echt komisch." **4.** „Aber ...", meckert nun auch Tom. **5.** „Ach, ihr Jungs habt doch keine Ahnung!", ereifert sich Verena. „Ihr wisst doch gar nicht, was eine gute Geschichte ist." **6.** Die Lehrerin unterbricht Vera: „Nun mal langsam ... wie ihm die Geschichte gefällt."

7 Die Worttrennung

Ü 1

Topf-lap-pen, Ost-al-pen, Matsch-wet-ter, Ve-ran-da, ver-schlie-ßen, biss-chen, Ver-än-de-rung, haupt-amt-lich, Teil-er-folg, Ent-eig-nung

Ü 2

Se-en-plat-te, Schiff-fahrt; Mu-sik-ins-tru-ment, da-ge-gen, We-cker; be-schwe-ren, da-rü-ber/dar-über, In-te-res-se/In-ter-es-se; Ru-i-ne, Vo-raus-set-zung/Vor-aus-set-zung, schwit-zen; Schwimm-meis-ter, Ak-ti-en-kurs, Aus-stel-lung; Brau-e-rei, Karp-fen, Wes-pe

Ü 3

Hos-pi-tal, Exa-men, Bib-lio-thek, Kog-nak, Zent-rum, Mo-narch, In-te-res-se, Prob-lem, Fab-rik, Te-le-gramm

SCHREIBEN

1 Erzählung und Bericht

Ü 1

Meine Geburtstagsparty: Einladungskarten schreiben und verteilen – Grill aus dem Keller holen – Hefeteig für Stockbrot ansetzen – Holzkohle kaufen

Begegnung mit einem Drachen: sumpfiges Gelände – Schwefelgeruch – angekohlte Bäume – furchterregende Geräusche

Die Supermaus: als Blitzkurier einsetzbar – dreißig Käselaiber pro Tag verspeisen – allerdings etwas eitel, bürstet sich jeden Tag zwei Stunden lang das Fell

Ü 2

Erlebniserzählung: 1, 3, 6, 7, 10, 12, 13, 15
Fantasiegeschichte: 2, 4, 5, 8, 9, 11, 14, 16

Ü 3

vor lauter Enttäuschung heulen – mit schlotternden Knien ankommen – in klirrender Kälte erfrieren – mit rasanter Geschwindigkeit brausen – vor Aufregung starkes Herzklopfen haben – keinen Finger krumm machen – mit ohrenbetäubender Lautstärke kreischen – einen bitterbösen Blick zuwerfen

Ü 4

Wetter: diesig, neblig, frostig, heiter, schön, heiß; **Mittagessen:** lecker, würzig, teuer, reichhaltig, heiß, versalzen; **Briefträger:** fröhlich, heiter, munter, spindeldürr, schön, blond; **Traumschloss:** prachtvoll, schön, teuer, gläsern; **Radrennen:** heiter, munter, schön, spannend, umkämpft, anstrengend

Ü 5

Lösungsvorschlag: Gestern ist mir etwas ganz Seltsames passiert. Als ich kurz vor dem Mittagessen zu unserem Briefkasten ging, traf ich auf unseren Briefträger. Er, der sonst immer so griesgrämig und böse blickte, war fröhlich und heiter und lud mich ein, mit ihm an einem Radrennen teilzunehmen. Trotz des frostigen und nebligen Wetters schwang ich mich auf mein Rad und wir fuhren zum Start an der Colman-Brücke. Dort waren bestimmt schon hundert Teilnehmerinnen und Teilnehmer versammelt. Das Ziel war die Olfrather Mühle am anderen Ende der Stadt. Für die ersten zehn Gewinner gab es einen teuren MP3-Player zu gewinnen. Nach dem Startschuss radelten wir in hohem Tempo in Richtung Stadtwald. Wegen des diesigen Wetters mussten wir darauf achten, nicht auf die vor uns Radelnden aufzufahren. Als wir den Stadtwald erreichten, hatten wir den Anschluss an die haushoch überlegenen Spitzenreiter bereits verloren. Bis dahin schien mir alles noch ganz normal, aber als wir dann an einem gläsernen Traumschloss vorbeikamen, war ich schon nicht mehr ganz so munter. Ein spindeldürrer Mann winkte uns aus einem Fenster zu und machte uns klar, dass wir ins

Schloss kommen sollten. Wir betraten eine prachtvolle Eingangshalle und wurden in einen schönen Speisesaal geleitet. Dort erwartete uns eine ausgelassene Gesellschaft, die an einem reichhaltig gedeckten Tisch saß. Wir nahmen an der Tafel Platz. Eine Schar von Dienern reichte uns würzige und wohlriechende Speisen. Mein Tischnachbar erzählte mir Witze, über die wir schallend lachen mussten. Wir amüsierten uns prächtig. Satt und zufrieden verließen wir das Schloss nach mehreren Stunden. Gestärkt machten wir uns auf zum Ziel. Dabei gelang es uns, die übrigen Teilnehmer und Teilnehmerinnen zu überholen und unter den ersten zehn ins Ziel zu gelangen. So erhielten wir auch noch einen Preis und fuhren danach beschwingt und glücklich heim. Das war sicher eines meiner spannendsten Abenteuer! Nach diesem anstrengenden Wettkampf hatte ich so einen Hunger, dass mir sogar der Erbseneintopf meiner Mutter schmeckte, obwohl er – wie immer – mörderisch heiß und dazu noch versalzen war.

Ü 6

1. **Wer?** Tausende Zuhörerinnen und Zuhörer, Jugendband „Sensationelle Sechs" – **Was?** Konzert, tolle Stimmung – **Wann?** *keine Antwort* – **Wo?** *keine Antwort* – **Wie?** mit alten Hits und neuen Titeln – **Warum?** *keine Antwort* – **Welche Folgen?** gute Stimmung am Ende des Abends
2. **Wer?** der sympathische Athlet, *aber kein Name* – **Was?** Rekord, *aber keine Angabe zur Sportart* – **Wann?** gestern – **Wo?** Sportfest im Donaustadion – **Wie?** mit einem tollen Schlussspurt – **Warum?** mehrere Wochen trainiert – **Welche Folgen?** Qualifikation für die Europameisterschaft

Ü 7

Tausende, zumeist jugendliche Zuhörerinnen und Zuhörer waren hellauf begeistert beim Konzert der „Sensationellen Sechs"**, das gestern in der ausverkauften Stadthalle stattfand.** Der Jugendband gelang es sehr schnell, die Stimmung sowohl mit alten Hits als auch mit neuen Titeln anzuheizen. Auch als das Konzert nach zweieinhalb Stunden zu Ende ging, war die Stimmung noch riesig.
Holger Mahler (TSV Milbertshofen) gewann mit persönlicher Bestleistung. Dem sympathischen Athleten gelang beim gestrigen Sportfest im Donaustadion ein großartiger Rekord **im 3000-Meter-Hindernisrennen.** Mit einem tollen Schlussspurt ließ er das gesamte Feld hinter sich. Durch diese hervorragende Leistung hat er sich für die Europameisterschaften in Lissabon qualifiziert. Mehrere Wochen hatte er für diese Höchstleistung trainiert.

Ü 8

1. fand … statt; **2.** zeigten beide Mannschaften ein erstklassiges Spiel; **3.** waren in den ersten Minuten sehr engagiert/gaben gleich das Tempo vor; **4.** ließen … gefallen; **5.** eine sehr starke Leistung; **6.** war die Begegnung unentschieden; **7.** es war ein recht glücklicher Sieg

2 Beschreibung und Charakterisierung

Ü 1

1 = f, 2 = i, 3 = d, 4 = h, 5 = a, 6 = c, 7 = g, 8 = b, 9 = e

Ü 2

eine Schreib- und Maltafel für Kinder – Die Tafel ist insgesamt 1,19 Meter hoch … – Sie ist aus schwarzem Material hergestellt … – Um die Schreibfläche herum ist ein Rahmen … – Auf der Höhe von etwa 45 cm befindet sich … – Diese Schreib- und Maltafel scheint besonders für Kinder …

Ü 3

Ergänzung z. B. in dieser Reihenfolge: Zuerst – Anschließend – Daraufhin – Nun – Danach – Zum Schluss

Ü 4

Lösungsvorschlag: Zunächst werden die Kartoffeln gewaschen, geschält und in Scheiben geschnitten. Im Anschluss daran gibt man etwa 20 ml Öl in eine Pfanne und erhitzt dieses. Die Kartoffelscheiben werden in das heiße Öl gegeben. Danach kann man die Kartoffeln nach Geschmack mit Salz, Pfeffer oder Paprika würzen. Die Kartoffelscheiben werden goldgelb gebraten, dabei sollten sie von Zeit zu Zeit gewendet werden.

Ü 5

1. Der abgebildete Mann trägt außergewöhnlich bunte Kleidung. **2.** Zunächst gibt man 20 Gramm Butter in die Pfanne und lässt sie bei geringer Hitze zergehen. **3.** Das Handy ist sehr vielseitig, außer als Telefon kann man es auch als Digitalkamera sowie als Notizbuch und Terminkalender nutzen.

Ü 6

Diese Wörter solltest du markiert haben:
alter, wohlgekleideter Mann – Schnallenschuhe, die einer vorübergegangenen Mode angehörten, waren bestäubt – langen Rohrstock mit goldenem Knopf trug er unter dem Arm – dunkeln Augen – schnee-

weißen Haaren – sah er ruhig umher – Er schien fast ein Fremder – von den Vorübergehenden grüßten ihn nur wenige – mancher unwillkürlich in diese ernsten Augen zu sehen gezwungen wurde – „Noch kein Licht!“ – etwas südlichen Akzent – Haushälterin – Bücherschränken – aufgeschlagene Bücher – gefalteten Händen von seinem Spaziergange auszuruhen – „Elisabeth!“ – und wie er das Wort gesprochen, war die Zeit verwandelt – er war in seiner Jugend.

Ü 7

Äußere Merkmale: alt – wohlgekleidet – staubige Schnallenschuhe der letzten Mode – langer Rohrstock mit goldenem Knopf unter dem Arm – schneeweiße Haare – dunkle, ernste Augen – ruhiger Blick – wirkt wie ein Fremder – südlicher Akzent
Innere Merkmale: kennt nicht viele Menschen in seiner Stadt – zieht Aufmerksamkeit auf sich: Mancher sieht sich gezwungen, in seine ernsten Augen zu sehen – hat eine Haushälterin – hat viele Bücher, die auch aufgeschlagen im Zimmer liegen → liest viel → ein Gelehrter? – ruht sich nach Spaziergängen aus und benötigt Dunkelheit – der Name Elisabeth versetzt ihn in seine Jugend zurück

Ü 8

Lösungsvorschlag: Am Anfang der Erzählung „Immensee“ von Theodor Storm wird das äußere Erscheinungsbild des Alten beschrieben: ein alter, wohlgekleideter Mann mit dunklen Augen und schneeweißen Haaren. Zum Spazierengehen trägt er altmodische Schnallenschuhe und hält einen langen Rohrstock mit goldenem Knopf unter dem Arm. Seine Kleidung wirkt etwas fremd in der damaligen Zeit und der Stadt, und genauso fühlt er sich wohl auch: „Er schien fast ein Fremder“. Seine Augen blicken ruhig und ernst umher, sodass sich manch ein Passant gezwungen fühlt, ihn anzusehen. Wenig später erfährt man, dass er mit leicht südlichem Akzent spricht.
Der Mann beschäftigt eine Haushälterin – das Haus in der Stadt scheint ihm zu gehören. Er benötigt Ruhe und auch Dunkelheit und zieht sich nach seinem Spaziergang in sein Zimmer zurück. In diesem finden sich viele Bücher, einige davon auch aufgeschlagen. Man kann daraus schließen, dass er viel liest. Vielleicht ist er ein Gelehrter, der sich zur Ruhe gesetzt hat? Seine Augen wandern durch das Zimmer und bleiben an einem Bild hängen. Der Name Elisabeth, den er leise ausspricht, versetzt ihn in seine Jugend zurück.

Ü 9

1. Faust hat Philosophie, Jura, Medizin, Theologie studiert (Z. 1–4). **2.** Die Theologie wird von Faust herabgewürdigt durch das Wort „leider“ (Z. 3). **3.** Er unterrichtet Schüler, und das schon seit 10 Jahren (Z. 6–8). **4.** Faust gibt keine äußeren Merkmale über sich preis. **5.** Er ist ein gelehrter Mensch (Z. 11: „Zwar bin ich gescheiter …“), aber unglücklich (Z. 15); er vergleicht seine Situation mit der eines Hundes (Z. 20) und hält sie für erbärmlich. **6.** Die Aussage des Textes legt nahe, dass sich Faust auch im Moment des Sprechens einer forschenden Tätigkeit widmet. **7.** Er strebt nach Wissen und ist bereit, dafür sein Seelenheil zu opfern – fast könnte man ihn deshalb für einen Besessenen halten (Z. 21–27). **8.** Er ist ehrgeizig und neugierig.

3 Die Erörterung

Ü 1

Linear: 1, 5, 7, 9; dialektisch: 2, 3, 4, 6, 8, 10

Ü 2

1. Pro; **2.** Kontra; **3.** Pro; **4.** Pro; **5.** Kontra; **6.** Kontra; **7.** Pro; **8.** Kontra

Ü 3

Pro-Argumente: Das Schreiben von SMS ist gegenüber einem Anruf oder dem Schreiben eines Briefes zeitsparend. – Bei vielen Anbietern können bestimmte Rufnummern sehr kostengünstig oder sogar kostenlos angewählt werden. – Mit einem Handy können die Eltern kontrollieren, wo sich ihr Kind gerade aufhält. – In Notfällen kann man mit dem Handy Hilfe holen, ganz gleich, wo man sich befindet.
Kontra-Argumente: Beim Tippen von SMS werden häufig Rechtschreib- und Zeichensetzungsregeln außer Kraft gesetzt. Dies kann dazu führen, dass die Jugendlichen die Regeln nicht mehr beherrschen. – Immer öfter bekommen Handybesitzer Kurzmitteilungen geschickt, die dazu verleiten, teure Sexnummern anzurufen. Des Weiteren gibt es auch jugendgefährdende Spiele, die auf das Handy geladen werden können. – Handys können süchtig machen. Die sogenannte Mediensucht, von der auch Jugendliche betroffen sind, ist in Deutschland auf dem Vormarsch. – Ein Handy wird schnell zur Kostenfalle. Telefongespräche, SMS oder Downloads von Klingeltönen sind teuer. Die Kontrolle über die Kosten entgleitet vor allem bei Handys mit Verträgen. (Es kann sein, dass du deine Argumente in einer anderen Reihenfolge angeordnet hast.)

Ü 4

Lösungsvorschlag: Pro-Argument: Behauptung: Mit einem Handy können die Eltern kontrollieren, wo sich ihr Kind gerade aufhält. – **Begründung:** Dadurch ist der Jugendliche immer und überall telefonisch zu erreichen. – **Beispiel:** Eltern machen sich oft Sorgen, wenn ihre Kinder mit Freunden weggehen, vor allem dann, wenn sie die Freunde des Jugendlichen nicht kennen. Hat das Kind ein Handy, können sie kurz anrufen und nachfragen, wo sich ihr Kind momentan aufhält. Dies wird sie beruhigen.
Kontra-Argument: Behauptung: Handys können süchtig machen. – **Begründung:** Jugendliche, die sich an ihr Handy gewöhnt haben, halten es oft schon keinen Tag mehr ohne Handy aus. Dies kann zur Sucht führen. – **Beispiel:** Das Handy ist ein ständiger Begleiter, etwa zum Spielen, Fotografieren, Simsen oder Telefonieren. Wenn Jugendliche es nicht schaffen, ihr Handy auch nur einen Tag zu Hause liegen zu lassen, kann man schon von Abhängigkeit bzw. Sucht sprechen.

Ü 5

Der zweite Satz passt am besten. Wenn man sich auf eine Statistik bezieht, erhält der Leser den Eindruck, dass man sich intensiv mit dem Thema auseinandergesetzt hat.

Ü 6

Lösungsvorschlag: Nachdem ich nun die Vorteile wie auch die Nachteile eines Handys dargelegt habe, komme ich zu dem Schluss, dass Jugendliche durchaus ein Handy besitzen sollten. Wichtig ist nur, dass sie lernen, vernünftig damit umzugehen und es als nützlichen Gebrauchsgegenstand zu betrachten. Denn das ist das Handy – nicht mehr, aber auch nicht weniger.

Ü 7

1. a) Der sinnvolle Umgang mit dem Internet muss erlernt werden; b) gute Möglichkeit, sich schnell zu informieren; c) viele haben zu Hause noch kein Internet.
2. a) Nur so können sie das Schulleben mitgestalten; b) sie lernen ihre Meinung zu vertreten; c) sie sollten das Engagement der Schülervertreter und -vertreterinnen honorieren.
3. a) Ausgewogene Ernährung ist wichtig für die Entwicklung und damit auch für den Schulerfolg; b) frisch gemachte Brötchen schmecken besser; c) die Cafeteria kann als Treffpunkt dienen.

Ü 8

1. Hauptteil; **2.** Hauptteil; **3.** Schluss; **4.** Hauptteil; **5.** Schluss; **6.** Einleitung; **7.** Hauptteil; **8.** Schluss; **9.** Schluss

Ü 9

Das solltest du markiert haben: Bilderbücher leisten dabei einen wertvollen Beitrag zur frühkindlichen Förderung: Sie sind der Schlüssel zu neuen Welten, fördern die sprachliche Ausdrucksfähigkeit, geben der kindlichen Fantasie zahlreiche Anregungen und schulen die ästhetische Wahrnehmung – Basis also einer frühkindlichen Förderung.

Ü 10

In dem vorliegenden Text mit der Überschrift „Erleben statt Belehren" legt die Autorin Birgit Hock dar, in welcher Weise sich gesellschaftliche Trends, z. B. hinsichtlich erzieherischer Werte, auch in Bilderbüchern widerspiegeln.

Ü 11

These: Bilderbücher sind ein geeignetes Medium, um Kinder frühzeitig zu fördern und zu fordern.
Argumente: – Bilderbücher ermöglichen es Kindern, Abenteuer zu erleben (im Text: „Bilderbücher sind der Schlüssel zu neuen Welten").
– Bilderbücher leisten einen wertvollen Beitrag zur sprachlichen Entwicklung des Kindes.
– Bilderbücher regen die kindliche Fantasie an.
– Bilderbücher lehren genaues Beobachten (im Text: „schulen die ästhetische Wahrnehmung").

Ü 12

Die Autorin stellt fest, dass Bilderbücher einen wichtigen Beitrag zur frühzeitigen Förderung von Kindern leisten. Sie argumentiert, dass die Lektüre von Bilderbüchern Kindern Abenteuererlebnisse bescheren kann und die kindliche Fantasie sowie die sprachliche Entwicklung anregt. Zudem helfen Bilderbücher dem Kind, die Beobachtungsgabe zu trainieren und ein ästhetisches Empfinden aufzubauen.

Ü 13

Lösungsvorschlag: Ergänzende Argumente: Bilderbücher sind ein gutes Mittel, schon den Jüngsten das Tor zur Welt des Lesens zu öffnen. – Bilderbücher helfen, die Welt zu verstehen und zu begreifen. – Bilderbücher können dazu anregen, sich eigene Geschichten auszudenken. – Das Betrachten eines Bilderbuchs schult die Konzen-

trationsfähigkeit eines Kindes. – Bilderbücher können vorgelesen werden und sind somit ein gutes Mittel, Kindern Geborgenheit zu vermitteln. – Bilderbücher geben (im Gegensatz zu anderen Medien) nicht vor, wie lange man sich mit ihnen beschäftigen sollte; so kann jedes Kind individuell entscheiden, wie lange es in einem Buch liest. – Bilderbücher sind in öffentlichen Bibliotheken für alle Interessierten leicht zugänglich.
Gegenargumente: Bilderbücher sind teuer. – Bilderbücher enthalten nur wenig Text und verlieren daher schnell ihren Reiz. – Bilderbücher sind immer nur für Kinder in einem bestimmten Alter interessant und geeignet.

Ü 14

Lösungsvorschlag: Es ist ersichtlich, dass die Vorteile eines Bilderbuchs die Nachteile bei Weitem übersteigen. Zusammen mit den Argumenten, die die Autorin bereits in ihrem Text genannt hat, komme ich daher zu der Überzeugung, dass es sich bei Bilderbüchern in der Tat um ein geeignetes Medium handelt, Kinder frühzeitig und altersgemäß zu fördern. Das einzig wirklich schwerwiegende Gegenargument, die Tatsache nämlich, dass Bilderbücher recht teuer sind, lässt sich leicht entkräften durch den Hinweis, dass öffentliche Bibliotheken Bücher weitgehend zum Nulltarif und für alle zugänglich bereithalten.

Ü 15

Wer liest, kann Abenteuer erleben. – Lesen erweitert den Wortschatz, fördert die sprachlichen Fähigkeiten. – Lesen schult die Vorstellungskraft und die ästhetische Wahrnehmung. – Lesen erweitert den Horizont um neue Erfahrungen.

4 Textanalyse und Interpretation

Ü 1

Folgende Stellen solltest du **markiert** haben, die Hauptthese ist **unterstrichen:**
„Immer mehr Menschen trinken und rauchen sich krank“, stellt die Deutsche Hauptstelle für Suchtfragen fest. ... **werden in Deutschland jährlich pro Kopf 145,5 Liter alkoholischer Getränke konsumiert** ... Der Verbrauch von **reinem Alkohol** beträgt damit im Durchschnitt mehr als **zehn Liter** im Jahr. Die Deutsche Hauptstelle für Suchtfragen schlägt vor, **alkoholische Getränke höher zu besteuern und den Verkauf einzuschränken.** Die ständige **Verfügbarkeit von Alkohol und anderen Genussmitteln führt zu immensen Folgekosten** ... hat auch der **Tabakkonsum** in Deutschland erschreckende Ausmaße: Laut **Statistik sterben in Deutschland mehr als 140 000 Menschen jährlich** an den Folgen des Rauchens.

Ü 2

Der Zeitungsartikel „Übermäßiger Alkoholgenuss der Deutschen“ liefert einige statistische Angaben zum durchschnittlichen Alkoholkonsum der Bundesbürger.

Ü 3

Die Hauptaussage besteht aus dem Vorschlag, alkoholische Getränke stärker zu besteuern, um über einen höheren Preis die Verfügbarkeit zu verringern und so den Konsum zu senken.

Ü 4

Der Text nennt als Folge lediglich höhere Kosten im Gesundheitswesen als Folgekosten, die die Allgemeinheit betreffen.
Pro (= Argumente, die die im Text dargelegte Meinung unterstützen): Neben den erwähnten gesellschaftlichen Folgekosten im Gesundheitswesen kann überhöhter Alkoholkonsum auch Einfluss aufs Privatleben haben, z. B. Ehen und Familien zerstören. – Erhöhter Alkoholkonsum erhöht die Aggressionsbereitschaft, gewalttätige Auseinandersetzungen können die Folge sein. – Überhöhter Alkoholkonsum senkt die Leistungsfähigkeit. – Starker Alkoholkonsum ruiniert die Gesundheit.
Kontra: Höhere Preise vernichten Arbeitsplätze, denn wenn weniger Alkohol konsumiert wird, wird irgendwann die Produktion gedrosselt, zulasten der Arbeitnehmer. – Alkohol wird bereits hoch versteuert; ein geringerer Konsum senkt die Steuereinnahmen des Staates. – Alkohol, in Maßen genossen, kann die Lebensfreude steigern und die Lebensqualität erhöhen. Wer Alkohol verteuert, greift in die individuelle Lebensgestaltung vieler Menschen ein.

Ü 5

Es fehlen eine Überschrift und ein Fazit:
Überschrift: Der Alkoholgenuss und seine Folgen
Fazit: Zu viel Alkohol macht krank – wer diese Tatsache leugnet, verkennt die oben dargelegten Fakten. Und die im Text genannten Zahlen belegen, dass es sich dabei keineswegs um ein Problem in einer vernachlässigbaren Größenordnung handelt. In Übereinstimmung mit dem Autor stelle ich daher fest, dass es tatsächlich an der Zeit wäre, die Bevölkerung über die Folgen übermäßigen Alkoholkonsums aufzuklären. Und da sich über

den Geldbeutel bekanntlich vieles recht schnell regeln lässt, wäre eine Verteuerung möglicherweise ein geeignetes Mittel, dieses Ziel zu erreichen.

Ü 6

Lösungsvorschlag: Spaziergang im Wald – schön wie Äuglein, leuchtend wie Sterne – Blume pflücken? – nicht pflücken – Blume spricht – Blume ausgraben – blüht nun zu Hause – Dichter erzählt von sich – Dichter mag Natur

Ü 7

1. 5 Strophen; **2.** Jambus; **3.** Dichter erzählt (lyrisches Ich); **4.** teils ungewöhnliche Stellung der Satzglieder; **5.** nein, je vier Verse bilden eine Strophe, diese ist jeweils durch einen Absatz von der nächsten Strophe getrennt; sauberer, ordentlicher äußerer Eindruck; **6.** am Ende einer Strophe Punkt oder Fragezeichen, dazwischen teilweise Kommas oder Semikolon; **7.** insgesamt 20 Verse, jeweils vier ergeben eine Strophe; **8.** abcb; Endreim jeweils bei den Versen 2 und 4; die Verse 1 und 3 ohne Reim.

Ü 8

Vergleiche, Euphemismus

Ü 9

Beispiel für Vergleich: „Wie Sterne leuchtend“ – Beispiel für Euphemismus: „zum Welken gebrochen“
Sieh dir auf S. 136 nochmals den Aufbau einer Gliederung an und überprüfe, ob du alles richtig gemacht hast.

Ü 10

Das Gedicht, das auf den ersten Blick wie ein Naturgedicht wirkt, ist ein Liebesgedicht. Mit der Blume, die nicht gebrochen werden soll, ist Christiane Vulpius gemeint.

Ü 11

1. Christiane; **2.** Christiane; **3.** dass er es nicht ernst meinen könnte; **4.** ihr Ruf wäre zerstört; sie hätte es schwer, einen neuen Mann zu finden, der sie heiratet; **5.** er lebt mit ihr in seinem Haus zusammen; **6.** für die Hochzeit; **7.** dass es ihr nun gut geht; vielleicht auch, dass sie Kinder bekommt und sich so „verzweigt“ (fortpflanzt).

Ü 12

Lösungsvorschlag: Das Gedicht scheint auf den ersten Blick ein Naturgedicht zu sein. Tatsächlich handelt es aber von Goethes Liebe zu seiner Frau Christiane Vulpius und ihrer Beziehung zueinander. Die äußere Form des Gedichts ist unauffällig. Es besteht aus fünf Strophen mit je vier Versen. Die einzelnen Strophen sind durch Absätze voneinander getrennt. Möchte Goethe damit ausdrücken, dass sich auch seine Beziehung zu Christiane unauffällig gestaltet? Ich denke nicht, da die Gleichmäßigkeit des Aufbaus von dem etwas ungewöhnlichen Reimschema gestört wird. Hier reimen sich die letzten Wörter der Verse 2 und 4; bei den Versen 1 und 3 gibt es allerdings keinen Endreim. So unauffällig war die Beziehung offenbar nicht, was Informationen aus Goethes Zeit auch bestätigen.
Goethe benutzt in seinem Gedicht einige Vergleiche. Da man davon ausgehen kann, dass mit der Blume im Gedicht Christiane gemeint ist, beziehen sich die Vergleiche also auf seine Frau. Für ihn hat sie also ein wunderschönes, leuchtendes Aussehen. Das ist eine schöne Liebeserklärung. Dies herauszustellen schien ihm wichtig gewesen zu sein, denn die betreffenden Stellen („Wie Sterne leuchtend, Wie Äuglein schön“) fallen auch durch den ungewöhnlichen Satzbau auf.
Der Euphemismus für „Tod“ bzw. „Sterben“ in dem Gedicht („Soll ich zum Welken Gebrochen sein“) zeigt Christianes Angst, Goethe könnte sie wieder fallen lassen. Dies würde ihren gesellschaftlichen Ruf zerstören und sie wäre seelisch tief verletzt. Doch Goethe gräbt sie aus und pflanzt sie in seinen Garten. Er hält also zu ihr und heiratet sie sogar – wenn auch erst nach 18 Jahren. „Nun zweigt es immer / Und blüht so fort“: Christiane fühlt sich wohl im Haus Goethes und pflanzt sich fort, indem sie Kinder bekommt.

Ü 13

Hier gibt es keine Musterlösung. Du solltest schreiben, ob und wie dich das Gedicht anspricht, und dies auch begründen. Ist es dem Dichter gelungen, seine Intention deutlich zu machen? Betrachte das Gedicht auch in seiner Entstehungszeit (1806).